ଲିଖନ ସୃଜନ ସମାଲୋଚନା ଅନୁବିଧ

ଲିଖନ ସୃଜନ ସମାଲୋଚନା ଅନୁବିଧ

ଜ୍ୟୋତି ସାହୁ

ବ୍ଲାକ୍ ଇଗଲ୍ ବୁକ୍ସ

ଭୁବନେଶ୍ୱର, ଓଡ଼ିଶା

BLACK EAGLE BOOKS
Dublin, USA

ଲିଖନ ସୃଜନ ସମାଲୋଚନା ଅନୁବିଧି / ଜ୍ୟୋତି ସାହୁ

ବ୍ଲାକ୍ ଇଗଲ୍ ବୁକ୍ସ : ଭୁବନେଶ୍ୱର, ଓଡ଼ିଶା ● ଡବ୍ଲିନ୍, ଯୁକ୍ତରାଷ୍ଟ୍ର ଆମେରିକା।

 BLACK EAGLE BOOKS

USA address:
7464 Wisdom Lane
Dublin, OH 43016

India address:
E/312, Trident Galaxy, Kalinga Nagar,
Bhubaneswar-751003, Odisha, India

E-mail: info@blackeaglebooks.org
Website: www.blackeaglebooks.org

First International Edition Published by
BLACK EAGLE BOOKS, 2023

LIKHANA SRUJANA SAMALOCHANA ANUBIDHI
by **Jyoti Sahoo**

Cover & Interior Design: Ezy's Publication

ISBN- 978-1-64560-456-3 (Paperback)

Printed in the United States of America

ଉସ୍ର୍ଗ

ଯେଉଁମାନେ ମୋତେ ସାହିତ୍ୟର ମର୍ମ ବୁଝେଇ, ଯୋଗ୍ୟ ହେବା ନିମନ୍ତେ ସେମାନଙ୍କ ବହୁମୂଲ୍ୟ ସମୟ ପ୍ରଦାନ କରିଛନ୍ତି– ସେହି ମହାନ୍ ଗୁରୁମାନଙ୍କୁ ମୋର ଏହି ଦ୍ୱିତୀୟ ସାରସ୍ୱତ ଅର୍ଘ୍ୟ ।

–ଜ୍ୟୋତି

ବିଷୟ ସୂଚୀ

<table>
<tr><td>ବିଷୟ</td><td>ପୃଷ୍ଠା</td></tr>
</table>

ମୁଖବନ୍ଧ

ଲେଖିବା କାର୍ଯ୍ୟଟି ସହଜ ମନେ ହେଉଥିଲେ ମଧ ସହଜ ନୁହେଁ। ଠିକ୍ ଭାବରେ ମନର ଭାବ ପ୍ରକାଶ କରିବା ଯେମିତି ସହଜ ନୁହେଁ, ନିଜର ଭାବ ପ୍ରକାଶ ପାଇଁ ଉପଯୁକ୍ତ ଶବ୍ଦ ଚୟନ ମଧ ସେମିତି ସହଜ ନୁହେଁ, ଏପରିକି ଯାହା ପାଇଁ ଲେଖାଟି ଉଦ୍ଦିଷ୍ଟ ତା ଉପରେ ଲେଖାଟି କି ପ୍ରକାର ପ୍ରଭାବ ପକାଇବ ତାହାର ଆକଳନ କରିବା ମଧ ସବୁବେଳେ ସହଜ ନୁହେଁ। ଲେଖା କହିଲେ ଜ୍ୟୋତି ସାହୁଙ୍କର ଏ ପୁସ୍ତକରେ କେବଳ ସର୍ଜନାତ୍ମକ ଲେଖା ବା ସାହିତ୍ୟ ରଚନାର କଥା କୁହାଯାଇନାହିଁ। ଲେଖାଲେଖି କହିଲେ ବ୍ୟାପକ ଅର୍ଥରେ ଯାହା ଆମେ ବୁଝୁ ସେ ସମସ୍ତ ବିଭାବ ସମ୍ବନ୍ଧରେ ସେ ବିସ୍ତୃତ ଆଲୋଚନା କରିଛନ୍ତି।

ମଣିଷ ସଭ୍ୟତାରେ ଚକର ଉଦ୍ଭାବନ ଯେମିତି ସବୁଠୁ ଅଧିକ ଏକ ଉଲ୍ଲେଖନୀୟ ଘଟଣା ସେହିପରି ଭାଷାର ଉଦ୍ଭାବନ ମଧ ଆଉ ଏକ ଉଲ୍ଲେଖନୀୟ ଘଟଣା, ଭାବିଲେ ଆଷ୍ଚର୍ଯ୍ୟ ଲାଗେ ଯେ ବିଭିନ୍ନ ଦେଶର ମଣିଷମାନେ କେଉଁଭଳି ଭାବରେ ନିଜର ଭାଷା ଉଦ୍ଭାବନ କଲେ ଏବଂ କେଉଁ କେଉଁ ଢଙ୍ଗରେ ସେସବୁ ବିକଶିତ ହେଲା। ଦୀର୍ଘ ସମୟ ପର୍ଯ୍ୟନ୍ତ ଭାଷା କେବଳ କଥିତ ସ୍ତରରେ ରହିଥିଲା, ତାହାର ଲିଖନ ମାର୍ଗ ଓ ମାଧମ ମଣିଷ ପାଖରେ ଉପଲବ୍ଧ ନ ଥିଲା। ମାତ୍ର ଆଜି ଭାଷା ବିନା ଯେମିତି ଚଳିବା କଷ୍ଟ, ଲିଖନକର୍ମ ବିନା ସେମିତି ବିକାଶ ଅସମ୍ଭବ। ବ୍ୟକ୍ତିଗତ ଓ ଦାପ୍ତରିକ ଚିଠି ଲିଖନରୁ ନେଇ ସର୍ଜନାତ୍ମକ ରଚନା ପର୍ଯ୍ୟନ୍ତ ଲିଖନକଳାର ପୃଥିବୀ ବ୍ୟାପକ। ଏହି କଳାରେ ଯିଏ ସମର୍ଥ ସେ ତାଙ୍କ କାର୍ଯ୍ୟରେ ସଫଳତା ଅର୍ଜନ କରିଥାନ୍ତି, ଏଥିରେ ଯିଏ ଅସମର୍ଥ ସିଏ ସଫଳତା ଅର୍ଜନ କରିପାରନ୍ତି ନାହିଁ।

କୌଣସି କଥା ଲେଖିବା ପୂର୍ବରୁ ତିନିଟି କଥା ଚିନ୍ତା କରିବାକୁ ପଡ଼ିଥାଏ। କାହିଁକି ଲେଖୁଛି, କାହା ପାଇଁ ଲେଖୁଛି ଏବଂ ଏହାର ପ୍ରୟୋଜନ କଣ? ଥରେ

ଉଦ୍ଦେଶ୍ୟ ସ୍ଥିରୀକୃତ ହୋଇଗଲା ପରେ ଲେଖକ ସେହି ଅନୁସାରେ ଶବ୍ଦ ଓ ଶୈଳୀ ସ୍ଥିର କରିଥାଏ। ସବୁ କଥା ପାଇଁ ନିର୍ଦ୍ଦିଷ୍ଟ ଗୋଟିଏ ଶୈଳୀ ଉପଯୋଗୀ ନୁହେଁ କିମ୍ବା ନିର୍ଦ୍ଦିଷ୍ଟ ଶବ୍ଦାବଳୀ ଉପଯୁକ୍ତ ନୁହେଁ। ଶୈଳୀ ଓ ଶବ୍ଦାବଳୀର ଅର୍ଥପୂର୍ଣ୍ଣ ଉପଯୋଗ ରଚନାକୁ ରୁଚିମନ୍ତ କରିଥାଏ। ଉଦାହରଣ ସ୍ୱରୂପ ଓଡ଼ିଆରେ 'ଅ' ଠାରୁ 'କ୍ଷ' ବା ଇଂରାଜୀରେ 'ଏ' ଠାରୁ 'ଜେଡ୍' ଯାଏ ନିର୍ଦ୍ଦିଷ୍ଟ ସଂଖ୍ୟକ ବର୍ଣ୍ଣମାଳାକୁ ନେଇ ଲକ୍ଷ ଲକ୍ଷ କଥା ଲେଖାଯାଇଛି। ହଜାର ହଜାର ଲେଖକ ଏସବୁ ଲେଖିଛନ୍ତି। ତାହାହେଲେ ଜଣ ଜଣଙ୍କର ଲେଖା କାହିଁକି ଏତେ ପ୍ରଭାବଶାଳୀ ହୁଏ ଏବଂ ଅନ୍ୟମାନଙ୍କର କାହିଁକି ସେତିକି ପ୍ରଭାବଶାଳୀ ହୁଏ ନାହିଁ ? ଏହି ବହିର ଲେଖିକା ଜ୍ୟୋତି ସାହୁ ଏହି ପ୍ରସଙ୍ଗରେ ଦୀର୍ଘକାଳ ଚିନ୍ତା କରିଛନ୍ତି। ତାଙ୍କର ସେହି ଚିନ୍ତନ, ମନନ ଓ ଅନୁଶୀଳନ ଭିତରୁ ଏ ବହିର ପରିକଳ୍ପନା ସମ୍ଭବ ହୋଇଛି। ଏ ବହିଟିରେ ସେ ଲେଖିବା ବା ଲିଖନକର୍ମ ସହ ସମ୍ବନ୍ଧିତ ପ୍ରାୟ ପ୍ରତ୍ୟେକ ପ୍ରସଙ୍ଗ ସମ୍ପର୍କରେ ଆଲୋଚନା କରିଛନ୍ତି। ତାଙ୍କର ଆଲୋଚନା ମଧ୍ୟରେ ବ୍ୟାବହାରିକ ଲିଖନକଳା, ସୃଜନଶୀଳ ଲିଖନ, କାର୍ଯ୍ୟାଳୟ ଲିଖନର ଅନୁବିଧି, ଏହାର ଉଦ୍ଦେଶ୍ୟ ଏବଂ ବୈଶିଷ୍ଟ୍ୟ ଇତ୍ୟାଦି ଅନ୍ତର୍ଭୁକ୍ତ। ଏହା ସହ ସେ ମୁଦ୍ରିତ ଗଣମାଧ୍ୟମର ସ୍ୱରୂପ ଓ ବୈଚିତ୍ର୍ୟ ଏବଂ ସାହିତ୍ୟ-ସମ୍ବାଦ, ସଂପାଦନା କଳା, ସଂପାଦକୀୟର ରଚନା ଶୈଳୀ, ସମ୍ବାଦ, ଫିଚର ଓ ସ୍ତମ୍ଭ ମଧ୍ୟରେ ଥିବା ସାଦୃଶ୍ୟ ଓ ବୈସାଦୃଶ୍ୟ ଇତ୍ୟାଦି ପ୍ରସଙ୍ଗରେ ଆଲୋଚନା କରିଛନ୍ତି। ଖବରକାଗଜ ବା ମୁଦ୍ରିତ ଗଣମାଧ୍ୟମରେ ସବୁ ପ୍ରକାର ଭାଷା ଓ ଲିଖନଶୈଳୀ ପ୍ରୟୋଗର ଅବକାଶ ଥିବା କଥା ଜ୍ୟୋତି ସାହୁ ଦର୍ଶାଇଛନ୍ତି। ସେହିପରି ସେ ସାହିତ୍ୟ ସମାଲୋଚନା: ସ୍ୱରୂପ ଓ ବୈଶିଷ୍ଟ୍ୟ ପ୍ରସଙ୍ଗରେ ସମାଲୋଚନାର ଶ୍ରେଣୀବିଭାଗ, ପଦ୍ଧତି, ଓଡ଼ିଆ ସମାଲୋଚନା ସାହିତ୍ୟର କ୍ରମବିକାଶ ଏବଂ ଏ କ୍ଷେତ୍ରରେ ପତ୍ରପତ୍ରିକାର ଅବଦାନ ପ୍ରସଙ୍ଗ ଆଲୋଚନା କରିଛନ୍ତି। ଲିଖନକଳାର ବୈଚିତ୍ର୍ୟ ସମ୍ବନ୍ଧରେ ଲେଖିକା ସଂକ୍ଷେପରେ ଯେଉଁ କେତେକ କଥା ଉଲ୍ଲେଖ କରିଛନ୍ତି ସେଗୁଡ଼ିକରୁ ପ୍ରମୁଖ ହେଲା– (କ) ଏହା ମଣିଷର ସୃଜନଶୀଳ ଆବେଗକୁ ଯୁକ୍ତି ଓ ବିଜ୍ଞାନସମ୍ମତ କରିଥାଏ, (ଖ) ଲିଖନକଳା ବ୍ୟକ୍ତିର ରଚନାକୁ ସରସ, ସୁନ୍ଦର, ତ୍ରୁଟିଶୂନ୍ୟ ଓ ଭାବୋଦ୍ଦୀପକ କରିଥାଏ ଏବଂ (ଗ) ଅନ୍ୟମାନଙ୍କୁ ବୁଝିବାର ସୁଯୋଗ ଦେବା ସହିତ ତଥ୍ୟଗୁଡ଼ିକ ଠିକଣା ଢଙ୍ଗରେ ସୁରକ୍ଷିତ ରଖେ।

ବିଖ୍ୟାତ ବଙ୍ଗଳା ଲେଖକ ଶରତଚନ୍ଦ୍ର କହିଥିଲେ, 'ପାଦ ନଥିଲେ ଚାଲି ହୁଏ, କିନ୍ତୁ ହାତ ଥିଲେ ଲେଖି ହୁଏ ନାହିଁ।' ଏଠି ଶରତଚନ୍ଦ୍ର ଯେଉଁ ଉଦ୍ଦେଶ୍ୟ ରଖି 'ଲେଖିବା' ଶବ୍ଦ ବ୍ୟବହାର କରିଥିଲେ ତାହା ହେଲା ଅର୍ଥପୂର୍ଣ୍ଣ ଲେଖା ଲେଖିବା, ନିଜର ଭାବକୁ ସମର୍ଥ ଢଙ୍ଗରେ ପ୍ରକାଶ କରିବା। ସମର୍ଥ ଲେଖା ପାଇଁ କେବଳ

ମେଧା ଯଥେଷ୍ଟ ନୁହେଁ। ବହୁ ଜ୍ଞାନୀ ଓ ମେଧାବୀ ଅଛନ୍ତି ଯେଉଁମାନେ ସରଳ କଥାକୁ ଜଟିଳ କରିପକାଇଥାଆନ୍ତି। ସେହିପରି ସାଧାରଣ ସ୍ତରର ପାଠ ପଢ଼ିଥିବା ବହୁ ବ୍ୟକ୍ତି ଅଛନ୍ତି ଯେଉଁମାନେ ଗୁଢ଼ ରହସ୍ୟକୁ ମଧ ସହଜ ଓ ସରଳ ଭାବରେ ପ୍ରକାଶ କରିପାରନ୍ତି। ଭାବପ୍ରକାଶର ସ୍ୱଚ୍ଛତା ସବୁଠାରୁ ବଡ଼ କଥା। ସାଧାରଣ ନାଗରିକଙ୍କ ଉଦ୍ଦେଶ୍ୟରେ ଲିଖିତ ଖଣ୍ଟିଏ ନୋଟିସ ବା ନିର୍ଦ୍ଦେଶନାମା ଯଦି ସଂପୃକ୍ତ ଲୋକଙ୍କ ପାଇଁ ଅବୋଧ, ଦୁର୍ବୋଧ ରହିଯାଏ ତାହାହେଲେ ଲିଖନର ମୂଳ ଉଦ୍ଦେଶ୍ୟ ବ୍ୟର୍ଥ ହେଲା ବୋଲି ବୁଝିବାକୁ ହେବ। ସାହିତ୍ୟ ରଚନା କ୍ଷେତ୍ରରେ ଭିନ୍ନ ଭିନ୍ନ ସର୍ଜନଶୀଳ ଲେଖକ ଲେଖିକାଙ୍କ କେତେକ ବିଶେଷତ୍ୱ ଆମେ ଦେଖିଥାଉ। ଏହା ସତ୍ତ୍ୱେ ସେମାନଙ୍କ ଲେଖାର ଭାବ ପାଠକଙ୍କୁ ଛୁଇଁବା ଆଶା କରାଯାଇଥାଏ। ଅନ୍ୟପକ୍ଷରେ ଦାପ୍ତରିକ ଚିଠିପତ୍ର ପରି ଗଣମାଧ୍ୟମର ଭାଷା ଓ ରଚନାଶୈଳୀ ସର୍ବବୋଧ ଏବଂ ସହଜ ହେବା ବାଞ୍ଛନୀୟ। ଗୋଟିଏ ପଟେ ଲେଖାର ଅର୍ଥକୁ ସମସ୍ତେ ବୁଝିବେ ଓ ଅନ୍ୟପଟେ ଲେଖାଟି ମୌଳିକ ମନେ ହେବ – ଏ ଦୁଇଟି ଭିତରେ ସମନ୍ଵୟ ରକ୍ଷା କରିବାରେ ଅଛି ଲେଖକଙ୍କର ଦକ୍ଷତାର ପରାକାଷ୍ଠା। ଜ୍ୟୋତି ସାହୁ ତାଙ୍କର ଏ ବହିରେ ସେ ଦିଗଗୁଡ଼ିକ ସମ୍ଵନ୍ଧରେ ମଧ ଆଲୋଚନା କରିଛନ୍ତି। ଏହାଛଡ଼ା ପୁରୁଣା ସମ୍ଵାଦପତ୍ର ଓ ପତ୍ରପତ୍ରିକାଗୁଡ଼ିକ ସମ୍ଵନ୍ଧରେ ବିଭିନ୍ନ ତଥ୍ୟ ଉପସ୍ଥାପନ ବହିଟିର ସଂଗ୍ରହଣୀୟ ମୂଲ୍ୟକୁ ବଢ଼ାଇ ପାରିଛି।

ଜ୍ୟୋତି ସାହୁ ଜଣେ ତରୁଣ ପ୍ରତିଭା। ତାଙ୍କ ଆଗରେ ଦୀର୍ଘ ରାସ୍ତା ରହିଛି। ନିଜ ଲେଖକୀୟ ଜୀବନର ଆଦ୍ୟଲଗ୍ନରେ ସେ ଯେ ଲେଖିବାର କଳା ସମ୍ଵନ୍ଧୀୟ ମୌଳିକ ସମସ୍ୟାଗୁଡ଼ିକ ପ୍ରତି ମନନଶୀଳ ହୋଇଛନ୍ତି ତାହା ତାଙ୍କର ଦୃଷ୍ଟିଭଙ୍ଗୀରେ ଥିବା ସ୍ୱାତନ୍ତ୍ର୍ୟର ପରିଚୟ ଦିଏ। ଉଲ୍ଲେଖ କରିବାରେ ଦ୍ଵିଧା ନାହିଁ ଯେ ଏ ବହିଟି ସର୍ଜନଶୀଳ, ଗଣମାଧ୍ୟମ ସହ ସଂପୃକ୍ତ ଏବଂ ଦାପ୍ତରିକ ପତ୍ରଲିଖନରେ ନିୟୋଜିତ ସବୁବର୍ଗର ବ୍ୟକ୍ତିଙ୍କ ପାଇଁ ଅତ୍ୟନ୍ତ ଉପଯୋଗୀ ସାବ୍ୟସ୍ତ ହେବ। ଏଭଳି ଖଣ୍ଟିଏ ବହିର ପରିକଳ୍ପନା ପାଇଁ ଲେଖିକା ଏବଂ ପ୍ରକାଶକ ଉଭୟେ ଆମମାନଙ୍କର ଧନ୍ୟବାଦାର୍ହ।

– ଗୌରହରି ଦାସ

'ଅନୁଭବ'
୩୭୮ ବରମୁଣ୍ଡା ଗାଁ,
ଭୁବନେଶ୍ୱର– ୭୫୧୦୦୩
ମୋ: ୯୪୩୭୦୭୭୭୮୮
gourahari60@gmail.com

ବ୍ୟାବହାରିକ ଲିଖନ କଳା : ସ୍ୱରୂପ ଓ ବୈଚିତ୍ର୍ୟ

ଭାଷା ଓ ଲିଖନ କୌଶଳ ମଧ୍ୟରେ ସମ୍ପର୍କ ଅତି ନିବିଡ଼। ଭାଷା ଓ ଭାବକୁ ପରିପ୍ରକାଶ ନିମନ୍ତେ ଲିଖନ କୌଶଳ ଅବଲମ୍ବନ କରାଯାଏ। ଅର୍ଥାତ୍ 'ଲିଖନ' ଏକ କୌଶଳ, ଏକ ପ୍ରଣାଳୀ, ଲିପି ବା ଅକ୍ଷରକୁ କ୍ରମରେ ଲେଖିବା, ଛାପା ଅକ୍ଷରରେ ଭାବକୁ ଲିପିବଦ୍ଧ କରିବା, ଲେଖାଯାଇଥିବା ଭାଷାକୁ ପରିଚ୍ଛନ୍ନ ରୂପରେ ଭଲ ଭାବରେ ପଢ଼ିପାରିବା ଭଳି ଅକ୍ଷରରେ ଲେଖିବା, ସଜେଇ କରି ଅକ୍ଷରକୁ ବଡ଼ ସାନ ନ କରି ଲେଖିବା। ବିରାମ-ସଂକେତ-'ଆ' କାରାନ୍ତ-ଫଳାଗୁଡ଼ିକୁ ଯଥା ସ୍ଥାନରେ ଯୋଗ କରି ଲେଖିବା, ଧାଡ଼ି ସିଧା କରି ଶବ୍ଦକୁ ଶବ୍ଦ ଛାଡ଼ି ଲେଖିବା, ଗୋଲ ଅକ୍ଷର – ଛଟା ଅକ୍ଷର – କରଣୀ ଅକ୍ଷରରେ ଲେଖିବା, ଶୀର୍ଷକ ସଜେଇ ଲେଖିବା ଓ ମାର୍ଜିନ୍ ବା ପାର୍ଶ୍ୱ ଛାଡ଼ିବା ଇତ୍ୟାଦି ଏକ ଏକ ଲିଖନ କୌଶଳ। ଭାଷା ଏକ ଶିକ୍ଷଣ ଓ ସାମାଜିକ ବ୍ୟବସ୍ଥା। ତେଣୁ ଭାଷା ପ୍ରକାଶରେ ଦୁଇଟି ଦିଗ ରହିଛି। ଏହାକୁ ଏକ ସୂଚୀଚିତ୍ରରେ ପ୍ରଦର୍ଶିତ କରାଯାଇପାରେ।

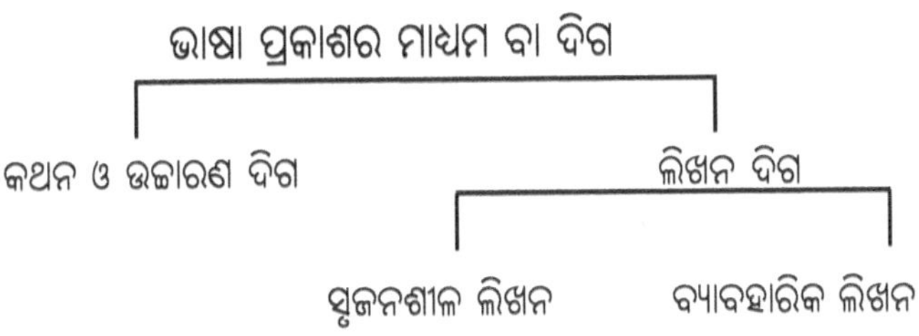

ସୃଜନଶୀଳ ଲିଖନ:-

ସୃଜନଶୀଳ ଲିଖନ ଜ୍ଞାନ ଓ ଭାବ ଜଗତର ପ୍ରସଙ୍ଗ ସହିତ ଜଡ଼ିତ। ଅନୁଭବକୁ ରୂପ ଦେବା ପାଇଁ ସ୍ରଷ୍ଟା ସୁଦୂର ପ୍ରସାରୀ କଳ୍ପନା ଏବଂ ଶବ୍ଦର ବୈଚିତ୍ର୍ୟ ଓ ଅର୍ଥର ରମଣୀୟ ସଂଯୋଜନା କରନ୍ତି। ସୃଜନଶୀଳ ଲେଖା ଯେତିକି ପ୍ରଯତ୍ନସିଦ୍ଧ, ତାହାଠାରୁ ଅଧିକ ସ୍ୱତଃ ସ୍ଫୁରଣ।

ବ୍ୟାବହାରିକ ଲିଖନ:-

ବ୍ୟାବହାରିକ ଲିଖନ କଳା ଦୈନନ୍ଦିନ ଜୀବନ କ୍ରିୟାରେ ସାଧାରଣ ଭାଷା ସହିତ ସଂପର୍କ ରକ୍ଷା କରି ଭାବ ବିନିମୟର ମାଧମ ହୋଇଥାଏ । ଏହା ଗଣ ଯୋଗାଯୋଗ ସହିତ ଜଡ଼ିତ । ଶିକ୍ଷାକ୍ଷେତ୍ର, ବ୍ୟବସାୟ ପ୍ରତିଷ୍ଠାନ, ସାଂସ୍କୃତିକ ଅନୁଷ୍ଠାନ, ଦାପ୍ତରିକ ବ୍ୟବସ୍ଥା, ଗମନାଗମନ ଓ ଗଣ ମାଧମ ସବୁ ସ୍ତରରେ ପ୍ରୟୋଜନ ଅନୁସାରେ ପ୍ରଚଳିତ ହେଉଥିବା ଭାଷା ମାଧମଗୁଡ଼ିକୁ ବ୍ୟାବହାରିକ ଲିଖନ କଳା ପର୍ଯ୍ୟାୟଭୁକ୍ତ କରାଯାଇପାରେ । ଏଣୁ ବ୍ୟାବହାରିକ ଲିଖନ କଳାର ପରିସର ବ୍ୟାପକ । ଏହାକୁ ମୁଖ୍ୟତଃ ଦୁଇ ଭାଗରେ ବିଭକ୍ତ କରାଯାଇପାରେ ।

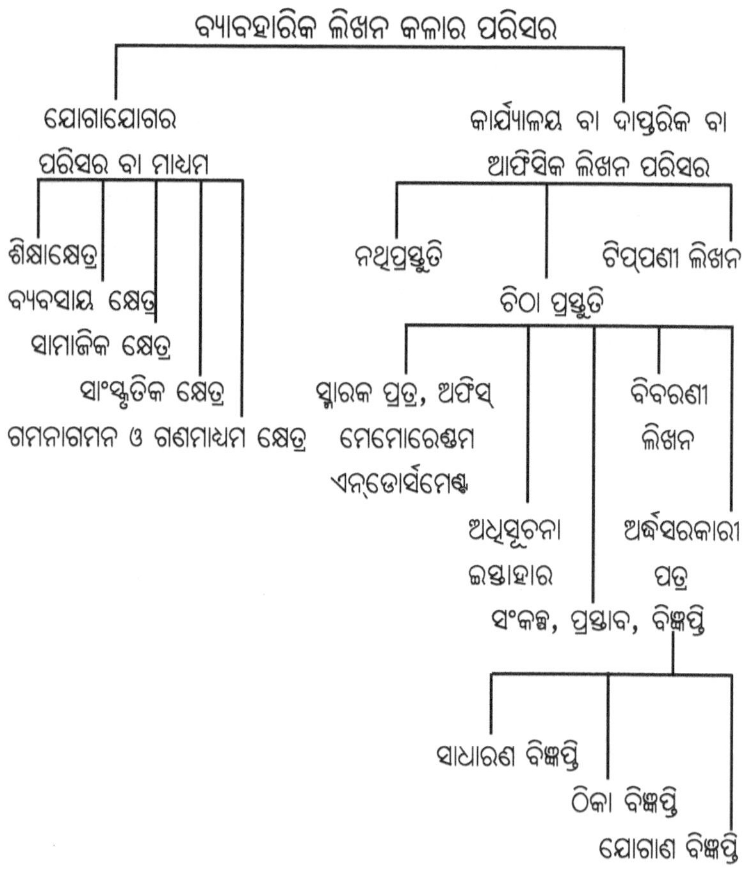

ବ୍ୟାବହାରିକ ଲିଖନ ସରଳ, ପ୍ରତ୍ୟକ୍ଷ, ସ୍ୱଚ୍ଛ ଓ ସହଜବୋଧ ହେବା ଶ୍ରେୟସ୍କର। ଅନ୍ୟମାନେ ବୁଝିପାରିବା ଭଳି ଲେଖିବା ହେଉଛି ବ୍ୟାବହାରିକ ଲିଖନ କଳା ବା ବୃତ୍ତି।

ବ୍ୟାବହାରିକ ଲିଖନ ବୃତ୍ତି – ନାଟ୍ୟକାର, ଗାଳ୍ପିକ, କବି ଆଦିଙ୍କ ସୃଷ୍ଟି ମେଧାବୀ ଜନବୃତ୍ତି ସହିତ ଜଡ଼ିତ ନୁହେଁ। ବ୍ୟାବହାରିକ ନିତିଦିନିଆ ଜୀବନରେ ସ୍ୱଷ୍ଟ ଓ ପରିଚ୍ଛନ୍ନ ନଥିଟିଏ, ଦଲିଲଟିଏ, ବିବରଣୀଟିଏ, ଆବେଦନ ପତ୍ରଟିଏ, ଅଭିଯୋଗ ଫର୍ଦ୍ଦଟିଏ, ଶୁଭ ବାର୍ତ୍ତା, ଟିପ୍ପଣୀ ଲିଖନ ଓ ବ୍ୟାବସାୟିକ ଚିଠାଟିଏ ପ୍ରସ୍ତୁତ କରିବା ଓ ଲେଖିବା କୌଶଳ ସହିତ ସଂପୃକ୍ତ।

ବ୍ୟାବହାରିକ ଲିଖନ ବୃତ୍ତିର ଲକ୍ଷଣ:-

୧. ବ୍ୟାବହାରିକ ଲିଖନ ବୃତ୍ତି କଥିତ ଭାଷାର ପ୍ରୟୋଗ ଓ ବ୍ୟାବହାରିକ ରୂପ ନୁହେଁ।

୨. ଏହା ଦରକାର ହେଉଥିବା ବକ୍ତବ୍ୟ, ମତ, ତଥ୍ୟ, ପ୍ରସଙ୍ଗର ଲିଖିତ ରୂପ।

୩. ବ୍ୟାବହାରିକ ଲିଖନ ବୃତ୍ତିରେ ଅତିଶୟୋକ୍ତି ଓ ଗୁରୁତ୍ୱହୀନ ବିଷୟ ସ୍ଥାନ ପାଇନଥାଏ।

୪. ଅନୁମାନ ଓ ସମ୍ଭାବନାକୁ ଗୁରୁତ୍ୱ ପ୍ରଦାନ କରେ ନାହିଁ।

୫. ସହଜରେ ବୁଝି ହେଉଥିବ।

୬. ଆନୁଷ୍ଠାନିକ, ଦାପ୍ତରିକ ଓ ପ୍ରତିଷ୍ଠାନୀୟ ଲିଖନ ସଂଯତ, ଶୃଙ୍ଖଳିତ ହେବା ଉଚିତ।

୭. ବ୍ୟାବାହାରିକ ଲିଖନ ବୃତ୍ତି ସହାନୁଭୂତିଶୀଳ ହେବା ଉଚିତ।

ପ୍ରଫେସର ସନ୍ତୋଷ ତ୍ରିପାଠୀଙ୍କ ମତରେ – "ଲିଖନ କୌଶଳ ହେଉଛି ଭାବ ପ୍ରକାଶଧର୍ମୀ ଭାଷାକୁ ଲେଖିବାର ସାଧନ ପ୍ରଣାଳୀ। ଲିଖନକୁ ଭାବ ପ୍ରକାଶର ପ୍ରାମାଣିକ ମାଧ୍ୟମ ରୂପେ କେବଳ ଗ୍ରହଣ କରାଯାଇ ନାହିଁ, ଏଥ୍ ସହିତ ଜ୍ଞାନ ଶିକ୍ଷଣର ଓ ପ୍ରସାରଣର ଉସ୍ ଶକ୍ତି ଭାବରେ ପ୍ରାଧାନ୍ୟ ଦିଆଯାଇପାରେ।"

–ସଂଯୋଗ ଅନୁବିଧ

ଶିକ୍ଷାକ୍ଷେତ୍ର, ବ୍ୟବସାୟ ପ୍ରତିଷ୍ଠାନ, ସାଂସ୍କୃତିକ ଅନୁଷ୍ଠାନ, ଆଫିସିକ ବ୍ୟବସ୍ଥା, ଗମନାଗମନ ଓ ଗଣମାଧ୍ୟମ ସବୁ ସ୍ତରରେ ପ୍ରୟୋଜନ ଅନୁସାରେ ପ୍ରଚଳିତ ହେଉଥିବା ଭାଷା ମାଧ୍ୟମଗୁଡ଼ିକୁ ବ୍ୟାବହାରିକ ଲିଖନ ପର୍ଯ୍ୟାୟଭୁକ୍ତ କରାଯାଇପାରେ।

ପ୍ରତ୍ୟେକ ଭାଷାର କ୍ଷେତ୍ର ଲିଖନ ସରଳ, ପ୍ରତ୍ୟକ୍ଷ, ସ୍ୱଚ୍ଛ ଓ ସହଜବୋଧ ହେବା ଆବଶ୍ୟକ। କାରଣ – ଭାଷା ହେଉଛି ମଣିଷର ଅଭିବ୍ୟକ୍ତି ଓ ଚିନ୍ତା ଶକ୍ତିର ପରିପ୍ରକାଶକ। ଓଡ଼ିଆ ଭାଷାର ଇଂରାଜୀ ପ୍ରତିଶବ୍ଦ ହେଉଛି Language, ଏହା ଉତ୍ପତିର ମୂଳ ଉସ୍ ଲାଟିନ୍ ଶବ୍ଦ Langue.

ଲିଖନ କଳା ବିବିଧ ଉପାୟରେ ସଂପାଦିତ ହୋଇଥାଏ । – (୧) ଯାନ୍ତ୍ରିକ ଲିଖନ (୨) ମୁଦ୍ରିତ ଲିଖନ (୩) କଂପ୍ୟୁଟର ଲିଖନ (୪) ଦ୍ରୁତ ଲିଖନ (୫) ସଂକ୍ଷିପ୍ତ ଲିଖନ (୬) ସଂକେତ ଲିଖନ ।

ପ୍ରତ୍ୟେକ ପ୍ରକାର ଲିଖନ ପଦ୍ଧତିର ମୂଳରେ ରହିଛି ନିତିଦିନିଆ ଜୀବନର ଆବଶ୍ୟକତା । ଏହି ଲିଖନ କଳାର ଦିଗ ଓ ଉଦ୍ଦେଶ୍ୟ ବିବିଧ ।

(୧) Equips us with communication and thinking skills

    (ଭାବ ବିନିମୟ ଓ ଚିନ୍ତନ ଶକ୍ତିର ଅଧ୍ୱପ୍ରେରକ)

(୨) Expresses who we are as people (ପରିଚୟ ସୃଷ୍ଟି କରେ)

(୩) Makes our thinking and learning visible and permanent

    (ଚିନ୍ତା ଓ ଅଧ୍ୱଗ୍ରହଣକୁ ସ୍ୱଷ୍ଟ ଓ ସଦୃଢ଼ କରେ)

(୪) Fosters our ability to explain and refine our ideas to others and ourselves

    (ଦକ୍ଷତାର ଉଦାହରଣ ସୃଷ୍ଟି କରିବା ସହିତ, ଅନ୍ୟ ନିକଟରେ ଓ ଆମ୍ଭମାନଙ୍କ ଠାରେ ଅଭିପ୍ରାୟକୁ ସୁଦୃଢ଼ କରେ ।)

ଉପରୋକ୍ତ ଲକ୍ଷଣ ଅନୁଯାୟୀ ଏହା ଅତ୍ୟନ୍ତ ସ୍ଥିର ସିଦ୍ଧାନ୍ତରେ ଉପନୀତ ହୁଏ ଯେ 'ଲିଖନ' ଏକ କୌଶଳ, ଏକ ପ୍ରଣାଳୀ । ପରେ ଏହା କଳା ସ୍ତରକୁ ଉଭୀର୍ଣ ହୋଇଥାଏ । ଶବ୍ଦର ଉଚ୍ଚାରଣକୁ ଭଲ ଭାବରେ ଶୁଣିବା, ଶବ୍ଦକୁ ଉପଯୋଗୀ କରିବା, ତାହାକୁ ନିରୂପିତ କରୁଥିବା ଲିପି/ଅକ୍ଷରକୁ କ୍ରମରେ ଲେଖିବା, ଛାପିବା, ଛାପା ଅକ୍ଷରରେ ଭାବକୁ ଲିପିବଦ୍ଧ କରିବା, ଲେଖାଯାଇଥିବା ଭାଷାକୁ ପରିଚ୍ଛନ୍ନ ରୂପରେ ଭଲ ଭାବରେ ପଢ଼ିପାରିବା ଭଲି ଅକ୍ଷରରେ ଲେଖିବା, ସଜେଇ କରି ଅକ୍ଷରକୁ ବଡ଼ ସାନ ନ କରି ଲେଖିବା, ବିରାମ-ସଂକେତ-ଆକାରାନ୍ତ-ଫଳାଗୁଡ଼ିକୁ ଯଥା ସ୍ଥାନରେ ଯୋଗ କରି ଲେଖିବା, ଧାଡ଼ି ସିଧା କରି ଶବ୍ଦକୁ ଶବ୍ଦ ଛାଡ଼ି ଲେଖିବା, ଗୋଲ ଅକ୍ଷରରେ ଲେଖିବା, ଶୀର୍ଷକ ସଜେଇ ଲେଖିବା, ମାର୍ଜିନ୍ / ପାର୍ଶ୍ୱ ଛାଡ଼ି ଲେଖିବା, ପରିଚ୍ଛେଦ ବିଧାନ ପ୍ରତି ଧ୍ୟାନ ଦେଇ ଲେଖିବା ଇତ୍ୟାଦି ଏକ ଏକ ଲିଖନ କୌଶଳ ।

ବ୍ୟକ୍ତି ଏକ ସାମାଜିକ ପ୍ରାଣୀ । ନିଜର ଭାବ ବିନିମୟ ପାଇଁ ଭାଷା ବ୍ୟବହାର ଗୁରୁତ୍ୱପୂର୍ଣ୍ଣ । ଏହି ବ୍ୟବହାରର ଦୁଇଟି ଦିଗ ରହିଛି । କଥନ ଓ ଉଚ୍ଚାରଣ ଦିଗ । ଏହା ମୌଖିକ । ଏହି ପଦ୍ଧତିରେ –

(କ) ଜଣେ ବକ୍ତା, ଅନ୍ୟ ଜଣେ ଶ୍ରୋତା ।

(ଖ) ବକ୍ତାର ଉଚ୍ଚାରଣଗତ ସଂକେତକୁ ଶ୍ରୋତା ବୁଝେ ।

(ଗ) କଥକ ଶବ୍ଦ ଉଚ୍ଚାରଣକୁ ପ୍ରାଧାନ୍ୟ ଦିଏ, ଶ୍ରୋତା ଅନୁଭବରେ ଗ୍ରହଣ କରେ ।

(ଘ) ଏହା ଶ୍ରବଣୀୟ ସ ବୋଧନୀୟ । ମାତ୍ର ଅରୂପ ଓ ଅଦୃଶ୍ୟ । ଅପରପକ୍ଷରେ ଲିଖନ ଦିଗଟି ମୌଖିକ ପ୍ରକାଶର ଲିପିବଦ୍ଧ ଧାରା

(ଙ) ଏହାଦ୍ୱାରା ମହତ୍ତ୍ୱପୂର୍ଣ୍ଣ ବକ୍ତବ୍ୟ ସଂରକ୍ଷିତ ହୋଇଥାଏ ।

(ଚ) ଭାଷାକୁ ନାନ୍ଦନିକ ସ୍ଥାୟିତ୍ୱ ପ୍ରଦାନ କରିଥାଏ ।

(ଛ) ଲିପିଗୁଡ଼ିକର କ୍ରମବିକାଶ ଧାରାର ଇତିହାସକୁ ଧରି ରଖେ ।

(ଜ) ଅନ୍ୟ ଜଣେ ଏହାଦ୍ୱାରା ପଠନ ସୁବିଧା ଲାଭ କରିଥାଏ ।

ଅର୍ଥାତ୍ ଅଦୃଶ୍ୟ, ଅରୂପ, ବୋଧମାନ ଓ ଶ୍ରୁତ୍ୟମାନ ଭାବବାହୀ ଭାଷାର ସଂଚାରିତ ସ୍ଥିତିଟିକୁ ଦୃଶ୍ୟମାନ, ପଠନୀୟ ରୂପଯୋଗ୍ୟତାରେ ରୂପାନ୍ତରିତ କରୁଥିବା ମାଧ୍ୟମଟି ଲିଖନ କଳା ।

ଲିଖନ କଳାର ବୈଚିତ୍ର୍ୟ:-

ଲିଖନ କୌଶଳ ହେଉଛି ଭାବ ପ୍ରକାଶଧର୍ମୀ ଭାଷାକୁ ଲେଖିବାର ସାଧନ ପ୍ରଣାଳୀ । ଏହା ଭାବ ପ୍ରକାଶର ପ୍ରାମାଣିକ ମାଧ୍ୟମ । ଶିକ୍ଷଣ ଓ ପ୍ରସାରଣର ଉସ୍ର ।

(କ) ଏହା ମଣିଷର ସୃଜନଶୀଳ ଆବେଗକୁ ଯୁକ୍ତି ଓ ବିଜ୍ଞାନସମ୍ମତ କରିଥାଏ ।

(ଖ) ବ୍ୟକ୍ତିର ଲିଖନ କଳାକୁ ସରସ, ସୁନ୍ଦର, ନିର୍ଭୁଲ, ଭାବଯୁକ୍ତ କରିଥାଏ ।

(ଗ) ଲିଖନ କଳା ଦ୍ୱାରା ବ୍ୟକ୍ତିର ବ୍ୟକ୍ତିତ୍ୱ ପ୍ରକାଶିତ ହୋଇଥାଏ ।

(ଘ) ଅନ୍ୟମାନଙ୍କୁ ବୁଝିବା ପାଇଁ ସୁଯୋଗ ଦିଏ ।

(ଙ) ତଥ୍ୟଗୁଡ଼ିକୁ ସଂରକ୍ଷିତ ରଖେ ।

(ଚ) ରୁଚିବୋଧକୁ ଶାଣିତ କରେ ।

(ଛ) ଜ୍ଞାନ ବିତରଣ କରିଥାଏ ।

(ଜ) ଭାଷାର ଲାଲିତ୍ୟ ସୃଷ୍ଟି କରେ ।

(୫) ସାଦୃଶ୍ୟ ବା ତୁଳନାମ୍ଳକ ଅଧ୍ୟୟନ ପାଇଁ ସୁଯୋଗ ପ୍ରଦାନ କରେ ।

ତେଣୁ ବ୍ୟାବହାରିକ ଲିଖନ କଳା ଏକ ରଚନାମ୍ଳକ କଳା– ପ୍ରତିଭା, ପାଣ୍ଡିତ୍ୟ ଆଧାର । ଲିଖନ ହେଉଛି ଭାବ ପ୍ରକାଶର ରୂପକାମ୍ଳକ ଉପାଦେୟ ମାଧ୍ୟମ । ଲିଖନ କଳାର ଗୁରୁତ୍ୱ ସଂପର୍କରେ ଫ୍ରାନ୍ସିସ୍ ବେକନ୍ କହିଛନ୍ତି–

"ବଳିଷ୍ଠ ଭାବ, ସୂକ୍ଷ୍ମ ଦୃଷ୍ଟି, ମୁଗ୍ଧକର ଭଙ୍ଗୀର ଲିଖନ ହିଁ ଯଥାର୍ଥ ଓ ପ୍ରକାଶକଙ୍କ ଯୋଗ୍ୟ ବ୍ୟକ୍ତିତ୍ୱ ନିର୍ମାଣ କରିଥାଏ ।"

କାର୍ଯ୍ୟାଳୟ ଲିଖନ ଅନୁବିଧ୍ : ସ୍ୱରୂପ ଓ ବୈଚିତ୍ର୍ୟ

ପ୍ରୟୋଜନ – ଉତ୍ପାଦନ – ବ୍ୟବହାର କ୍ରମଶଃ ମଣିଷକୁ ସଭ୍ୟ, ଗୋଷ୍ଠିଭୁକ୍ତ, ଜାତିଭୁକ୍ତ, ଭୂଖଣ୍ଡଭୁକ୍ତ କରିଛି । ଏଥିନିମନ୍ତେ ଲିଖନ ଅନୁବିଧ୍ରେ ମଧ୍ୟ ବିକାଶ ସାଧିତ ହୋଇଛି । ଯାନ୍ତ୍ରିକ ଲିଖନ, ମୁଦ୍ରିତ ଲିଖନ, କଂପ୍ୟୁଟର ଲିଖନ, ସଂକ୍ଷିପ୍ତ ଲିଖନ, ସଂକେତ ଲିଖନ, ଆଫିସିକ ବା କାର୍ଯ୍ୟାଳୟ ଲିଖନ ଇତ୍ୟାଦି ।

କାର୍ଯ୍ୟାଳୟ ଲିଖନ ବା ଆଫିସିକ କାର୍ଯ୍ୟନିର୍ବାହ ବିଧ୍ ପ୍ରାୟତଃ ବ୍ୟାବହାରିକ ଲିଖନ ନିୟମରେ ବନ୍ଧା । ସରକାରୀ, ବେସରକାରୀ, ଅର୍ଦ୍ଧସରକାରୀ ଓ ପୂର୍ଣ୍ଣ ଘରୋଇ ସଂସ୍ଥା କାର୍ଯ୍ୟାଳୟ ଅନୁବିଧ୍ ସହିତ ଜଡ଼ିତ ।

କାର୍ଯ୍ୟାଳୟର ସଂଜ୍ଞା ସଂପର୍କରେ ଅନେକ ଅଭିଜ୍ଞ ମତ ରହିଛି । James Stephenson କାର୍ଯ୍ୟାଳୟ କ'ଣ ସେ ସଂପର୍କରେ ମତ ପ୍ରଦାନ କରିଛନ୍ତି–

"Office is the part of business enterprises which is devoted to the direction and co-ordination of its various activities."

ଜେ. ସି. ଡେନିୟରଙ୍କ ମତରେ – "କାର୍ଯ୍ୟାଳୟ ଏକ ସ୍ଥାନ ଯେଉଁଠାରେ କିରାଣୀ କାର୍ଯ୍ୟ କରିଥାଏ ।"

ଲିଟ୍‌ଲ୍‌ ଫିଲ୍ଡ, ରସେସ ଏବଂ କାରୁଥ୍‌ଙ୍କ ମତରେ– "କାର୍ଯ୍ୟାଳୟ ଏକ ଶାଖା ଯେଉଁଠାରେ ସାଂଗଠନିକ ଯୋଜନା, ପରିଚାଳନା ଏବଂ ନିୟନ୍ତ୍ରଣ ପାଇଁ ଆବଶ୍ୟକ ରେକର୍ଡ ପ୍ରସ୍ତୁତି ସହ ପରିଚାଳନା ଓ ସଂରକ୍ଷଣ କରାଯାଏ ।"

ସୂଚନା ସଂଗ୍ରହ ଓ ଯୋଗାଣ କାର୍ଯ୍ୟାଳୟର ପ୍ରାଥମିକ କାର୍ଯ୍ୟ । ବିବିଧ କାର୍ଯ୍ୟକୁ ବିଭିନ୍ନ ବିଭାଗର କର୍ମଚାରୀଙ୍କୁ ଦାୟିତ୍ୱ ପ୍ରଦାନ କରି କାର୍ଯ୍ୟକାରୀ କରିବା କାର୍ଯ୍ୟାଳୟର ଉଦ୍ଦେଶ୍ୟ । କାର୍ଯ୍ୟାଳୟ ଅଧ୍ନରେ ବିଭିନ୍ନ ବିଭାଗ କାର୍ଯ୍ୟ କରିଥାଏ ।

କାର୍ଯ୍ୟାଳୟର ବିଭିନ୍ନ ବିଭାଗ:–

(୧) ପତ୍ରାଲାପ ବିଭାଗ

(୨) ସମୟ ଓ ନକଲ ବାହାର କରିବା ବିଭାଗ

(୩) କଂପ୍ୟୁଟର ବିଭାଗ

(୪) ନଥିକରଣ ବିଭାଗ

(୫) ସୂଚୀକରଣ ଓ ରେକର୍ଡ ସଂରକ୍ଷଣ ବିଭାଗ

(୬) ଡାକ ବିଭାଗ

(୭) ଲେଖା ବିଭାଗ

(୮) ରେକର୍ଡ ବିଭାଗ

(୯) ଲୋକସଂପର୍କ ବିଭାଗ ଇତ୍ୟାଦି।

କାର୍ଯ୍ୟାଳୟ ହେଲା ଏକ ସ୍ଥାନ ଯେଉଁଠାରେ ପରିଚାଳନାକୁ ଦକ୍ଷ ଓ ସୁବ୍ୟବସ୍ଥିତ କରିବା ପାଇଁ ସୂଚନା ସଂଗ୍ରହ, ପ୍ରକ୍ରିୟାକରଣ, ମହଜୁଦୀକରଣ ଓ ବିକିରଣ ସଂକ୍ରାନ୍ତୀୟ ସମସ୍ତ କାର୍ଯ୍ୟ ସଂପାଦନ କରାଯାଏ। ଏହାର କାର୍ଯ୍ୟ ଦୁଇ ପ୍ରକାର।

(୧) ମୌଲିକ କାର୍ଯ୍ୟ

(୨) ପ୍ରଶାସନିକ କାର୍ଯ୍ୟ

(୧) ମୌଲିକ କାର୍ଯ୍ୟ:

କାର୍ଯ୍ୟାଳୟର ସମସ୍ତ ପ୍ରକାର କାର୍ଯ୍ୟାବଳୀକୁ ମୌଲିକ କାର୍ଯ୍ୟ କୁହାଯାଏ। ତାହା ପାଞ୍ଚ ପ୍ରକାର –

(୧) ସୂଚନା ସଂଗ୍ରହ:–

ସୂଚନା ସଂଗ୍ରହ ଦୁଇଟି ଉସ୍ରୁ ଯଥା – ବାହ୍ୟ ଉସ୍ ଓ ଆଭ୍ୟନ୍ତରୀଣ ଉସ୍ରୁ ହୋଇଥାଏ। ବାହ୍ୟ ଉସ୍ ମଧ୍ୟରେ ରିପୋର୍ଟ, ଇନ୍‍ଭଏସ୍, ତଦନ୍ତ ଇତ୍ୟାଦି। ଆଭ୍ୟନ୍ତରୀଣ ଉସ୍ ମଧ୍ୟରେ ଚିଠି, ନୋଟିସ୍ ଇତ୍ୟାଦି ଅନ୍ତର୍ଭୁକ୍ତ।

(୨) ଲିପିବଦ୍ଧକରଣ:–

ବିବିଧ ସୂତ୍ରରୁ ମିଳିଥିବା ସୂଚନାଗୁଡ଼ିକୁ ସଂରକ୍ଷିତ କରିବା ନିମନ୍ତେ ଚାର୍ଟ, ରେଜିଷ୍ଟର ଏବଂ ବହି ଆକାରରେ ରଖାଯାଏ।

(୩) ସୂଚନା ସଜାଣ, ସମୀକ୍ଷା ଓ ପ୍ରକ୍ରିୟାକରଣ:–

ସଂଗୃହୀତ ସୂଚନା ଓ ତଥ୍ୟକୁ ବୋଧଗମ୍ୟ ହେବାପରି ସଜାଇ, ତାହାକୁ ସମୀକ୍ଷା ପୂର୍ବକ ଉପସ୍ଥାପନ କରାଯାଏ। ଏଥିରେ ଅର୍ଥନୈତିକ ବିବରଣୀ, ପରିସଂଖ୍ୟାନ ବିବରଣୀ ଇତ୍ୟାଦି ଅନ୍ତର୍ଭୁକ୍ତ।

(୪) ସୂଚନା ସଂରକ୍ଷଣ:–

ପୁରୁଣା ଓ ଅଦରକାରୀ ରେକର୍ଡଗୁଡ଼ିକୁ ନଷ୍ଟ କରିବା ସହିତ, ନୂତନ

ରେକର୍ଡଗୁଡ଼ିକୁ ନଥିକରଣ ଓ ବିଭିନ୍ନ ଉପକରଣ ଦ୍ୱାରା ସଂରକ୍ଷିତ କରି ରଖାଯାଏ।

(୫) ସୂଚନା ଯୋଗାଣ:-

ଗୋଟିଏ ପଟରେ ସୂଚନା ସଂଗୃହୀତ, ସମୀକ୍ଷାକୃତ ହୋଇ ଲିପିବଦ୍ଧ ହୋଇଥାଏ। ଅନ୍ୟପକ୍ଷରେ ସୂଚନାର ପରିଚାଳନା ନିମନ୍ତେ ନିଷ୍ଠି ଅନୁସାରେ ନିୟମାବଳୀ ପ୍ରସ୍ତୁତ କରି, ନିର୍ଦ୍ଦେଶନାମା ଆକାରରେ ବିଭିନ୍ନ ବିଭାଗକୁ ପ୍ରଦାନ ବା ଯୋଗାଣ କରାଯାଇଥାଏ।

ପ୍ରଶାସନିକ କାର୍ଯ୍ୟ:

ମୌଳିକ କାର୍ଯ୍ୟକୁ କାର୍ଯ୍ୟକାରୀ କରିବା ହେଉଛି ପ୍ରଶାସନିକ କାର୍ଯ୍ୟ। ଏହା ଅଷ୍ଟବିଧ।

(୧) ପରିଚାଳନା କାର୍ଯ୍ୟ:-

କାର୍ଯ୍ୟାଳୟର ସୁପରିଚାଳନା ନିମନ୍ତେ କର୍ମଚାରୀ ନିଯୁକ୍ତି, ନିର୍ଦ୍ଦେଶନ, ଯୋଗାଯୋଗ, ସମନ୍ୱୟ ଏବଂ ପ୍ରୋତ୍ସାହନ ଆଦି ପରିଚାଳନାଗତ କାର୍ଯ୍ୟ।

(୨) କାର୍ଯ୍ୟକାରୀ ପ୍ରଣାଳୀ ଓ ଖସଡ଼ା ଗଠନ:

କାର୍ଯ୍ୟର ନୀରବଚ୍ଛିନ୍ନତାକୁ ନିଶ୍ଚିତ କରିବା ପାଇଁ ବିଭିନ୍ନ ପ୍ରଣାଳୀ ଓ ଖସଡ଼ା ପ୍ରସ୍ତୁତ କରାଯାଇଥାଏ।

(୩) କାର୍ଯ୍ୟାଳୟ ସାମ ପୁସ୍ତକ ସଂଗ୍ରହ ଏବଂ ଯୋଗାଣ:

ଉନ୍ନତମାନର କାଗଜ, କଲମ, କାଲି, ଫାଇଲ କ୍ରୟ ଓ ଉପଯୁକ୍ତ ଯୋଗାଣ ନିମନ୍ତେ ସାମ ପୁସ୍ତକ (Stock Register) ମାଧ୍ୟମରେ ଗଚ୍ଛିତ ଓ ଖର୍ଚ୍ଚର ତଥ୍ୟ ସଂଚୟନ ଏହାର କାର୍ଯ୍ୟ।

(୪) କାର୍ଯ୍ୟାଳୟ ଫର୍ମ ପ୍ରସ୍ତୁତି ଓ ନିୟନ୍ତ୍ରଣ:

ବିବିଧ ସେବାକାରୀ ଯୋଜନାର ସୁଫଳ ଉପଲବ୍ଧ ନିମନ୍ତେ କାର୍ଯ୍ୟାଳୟ ପକ୍ଷରୁ ବିବିଧ ଫର୍ମ ଯୋଗାଇ ଦିଆଯାଇଥାଏ ଏବଂ ନିୟନ୍ତ୍ରଣ କରିବାର ବ୍ୟବସ୍ଥା ମଧ୍ୟ କରାଯାଇଥାଏ।

(୫) କାର୍ଯ୍ୟାଳୟ ଉପକରଣ ଓ ଆସବାବପତ୍ର କ୍ରୟ:

ବିବିଧ ଶାଖା କାର୍ଯ୍ୟାଳୟ ବା ସଂଗଠନ ପରିଚାଳନା ନିମନ୍ତେ ନୂଆ ଉପକରଣ ଓ ଯନ୍ତ୍ରପାତି ଯୋଗାଇ ଦିଆଯାଇଥାଏ।

(୬) ସଂଗଠନର ନିରାପତ୍ତା: ବିଦ୍ୟୁତ୍‌ଶକ୍ତି, ପାଣି, କମ୍ପ୍ୟୁଟର ଆଦିର ଯୋଗାଣକୁ ସାବଲୀଳ କରିବା ଏହାର ଉଦ୍ଦେଶ୍ୟ।

(୭)କାର୍ମିକ ପରିଚାଳନା:

କର୍ମଚାରୀମାନଙ୍କର ଦକ୍ଷତା ବୃଦ୍ଧି କାର୍ଯ୍ୟାଳୟର ମୁଖ୍ୟ ଲକ୍ଷ୍ୟ। କର୍ମଚାରୀମାନଙ୍କୁ ତାଲିମ ପ୍ରଦାନ ପୂର୍ବକ ଦକ୍ଷ କରିବା ହେଉଛି କାର୍ମିକ ପରିଚାଳନା।

(୮)ଲୋକସଂପର୍କ ରକ୍ଷା:

ସୂଚନାଗୁଡ଼ିକ କାର୍ଯ୍ୟକାରୀ ନ ହେଲେ କାର୍ଯ୍ୟାଳୟର ଗୁରୁତ୍ୱ ହ୍ରାସ ହୋଇଥାଏ। ତେଣୁ ଲୋକପ୍ରିୟତା ପାଇଁ ଲୋକ ସଂପର୍କ ଜରୁରୀ ଅଟେ।

କାର୍ଯ୍ୟାଳୟ ଦ୍ୱାରା ବିବିଧ ଉଦ୍ଦେଶ୍ୟ ସାଧିତ ହୋଇଥାଏ। ତାହା ଷଷ୍ଠବିଧ।

(୧)ପରିଚାଳନାକୁ ବା ମ୍ୟାନେଜ୍‌ମେଣ୍ଟକୁ ସହାୟତା ପ୍ରଦାନ:

କାର୍ଯ୍ୟାଳୟକୁ ପରିଚାଳନା ନିମନ୍ତେ ନିଯୁକ୍ତ ଅଫିସ୍ ସହାୟକ ବା ପରିଚାଳକମାନଙ୍କୁ ନିର୍ଭୁଲ ସୂଚନା ପ୍ରଦାନ କରିବା ଉଚିତ। ଯାହାଫଳରେ ତ୍ୱରିତ ନିଷ୍ପତ୍ତି ନିଆଯାଇ ପାରିବ।

(୨)ଯୋଗାଯୋଗର ମାଧ୍ୟମ ରୂପେ କାର୍ଯ୍ୟ କରିବା:

ଶୀର୍ଷରୁ ନିମ୍ନକୁ ଏବଂ ନିମ୍ନରୁ ଶୀର୍ଷକୁ ନୀତି, ନିର୍ଦ୍ଦେଶ, ଉଦ୍ଦେଶ୍ୟ ସଂପର୍କରେ ସମସ୍ତେ ଅବିହିତ ହେବା ଉଚିତ।

(୩)ସମନ୍ୱୟ ରକ୍ଷା କରିବା:

ବ୍ୟକ୍ତିଗତ ଲକ୍ଷ୍ୟ ହାସଲ ନିମନ୍ତେ କାର୍ଯ୍ୟ କଲେ କାର୍ଯ୍ୟାଳୟ ବା ସଂଗଠନର ଲକ୍ଷ୍ୟ ପରାହତ ହୋଇଥାଏ। ତେଣୁ କେନ୍ଦ୍ରୀୟ କାର୍ଯ୍ୟାଳୟ ସହିତ ସୁସଂପର୍କ ରକ୍ଷା କରି କାର୍ଯ୍ୟ କରିବା ଉଚିତ।

(୪)ସୂଚନା କେନ୍ଦ୍ର ରୂପେ କାର୍ଯ୍ୟ କରିବା:

ରେକର୍ଡ଼ ବା ଅଭିଲେଖ କାର୍ଯ୍ୟାଳୟର ସୂଚନା କେନ୍ଦ୍ର ବା ଡାଟା ବ୍ୟାଙ୍କ। ଅତୀତର ନିଷ୍ପତ୍ତି ସହିତ ବର୍ତ୍ତମାନର ଉଦ୍ଦେଶ୍ୟକୁ ସୂଚନା କେନ୍ଦ୍ର ପ୍ରକାଶ କରିଥାଏ।

(୫)ନିୟନ୍ତ୍ରଣ କେନ୍ଦ୍ର ଭାବରେ କାର୍ଯ୍ୟ କରିବା:

ଯୋଜନାକୁ ଫଳପ୍ରଦ କରିବା ପାଇଁ କାର୍ଯ୍ୟାଳୟକୁ ନିୟନ୍ତ୍ରଣ କରିବା ଏକାନ୍ତ ଅପରିହାର୍ଯ୍ୟ। ଏହା ପଞ୍ଚବିଧ। ଯଥା–

(୧) ମାନକ ନିର୍ଦ୍ଧାରଣ
(୨) ବାସ୍ତବ ରୂପାୟନର ପରିମାଣ
(୩) ମାନକ ସହ ବାସ୍ତବ ରୂପାୟନର ତୁଳନା
(୪) ବ୍ୟତିକ୍ରମର କାରଣ ଖୋଜିବା
(୫) ସଂଶୋଧନୀ ପଦକ୍ଷେପ ଗ୍ରହଣ କରିବା

(୬) ସେବା ଯୋଗାଣକାରୀ କେନ୍ଦ୍ର ରୂପେ କାର୍ଯ୍ୟ କରିବା :

କାର୍ଯ୍ୟାଳୟ ବା ସଂଗଠନ ସୁପରିଚାଳନା ପାଇଁ ବିଭିନ୍ନ ଆଫିସିକ ଦ୍ରବ୍ୟ ଯୋଗାଇବା ଏହାର ଉଦ୍ଦେଶ୍ୟ ।

କାର୍ଯ୍ୟାଳୟ ବା ସଂଗଠନର ବିବିଧ ବୈଶିଷ୍ୟ ରହିଛି । ଏହା ପଞ୍ଚବିଧ । ଯଥା-

(୧) ସୁବିଧାକାରକ ବୈଶିଷ୍ୟ (Facilitating Function) :

କାର୍ଯ୍ୟକାରୀ ବିଭାଗ (Operational Departments) ଦ୍ୱାରା ଏହି କାର୍ଯ୍ୟ ହୋଇଥାଏ । ଯଥା-ମଜୁରୀ ଓ ବେତନ ବିଲ୍‍ର ପ୍ରସ୍ତୁତିକରଣ, ରଣଦାତାଙ୍କ ଦେୟ ବିବାଦ ଲିପିବଦ୍ଧ କରଣ, ପରିବ୍ୟୟ ହିସାବକରଣ ଇତ୍ୟାଦି ।

(୨) ସେବାମୂଳକ ବୈଶିଷ୍ୟ (Service Function) :

ଉତ୍ପାଦ ବିଭାଗ, ବଜାର ବିଭାଗ, ଅର୍ଥ ବିଭାଗ, ଶ୍ରମ ବିଭାଗ- କାର୍ଯ୍ୟାଳୟ ତଥ୍ୟ ସହାୟତାରେ ଅଧିକ ଉନ୍ନତି ଘଟାଇବା ସହିତ, ବ୍ୟୟ ହ୍ରାସ କରିବା କାର୍ଯ୍ୟାଳୟର ମୁଖ୍ୟ ବୈଶିଷ୍ୟ ।

(୩) ଲାଭରେ ପରୋକ୍ଷ ସାହାଯ୍ୟକାରୀତା (An indirect contributor to profit) :

କାର୍ଯ୍ୟାଳୟ ବିଭିନ୍ନ ପ୍ରକାର ସେବା ଓ ସୁବିଧା ଯୋଗାଇ ଦେଇ ପରୋକ୍ଷରେ ସମସ୍ତଙ୍କର ଲାଭ କରିଥାଏ ।

(୪) ନଥିପତ୍ର ସହ ସଂପୃକ୍ତି (Essentially Paper work) :

କାର୍ଯ୍ୟାଳୟ ସିଧାସଳଖ କୌଣସି ଉତ୍ପାଦନ ବା କାରବାର କରୁ ନ ଥିଲେ ମଧ୍ୟ, ଉତ୍ପାଦନ ଓ କ୍ରୟ ବିକ୍ରୟର ସମସ୍ତ ବିରବଣୀ ନଥିପତ୍ରରେ ଲିପିବଦ୍ଧ କରି ରଖିଥାଏ ।

(୫) କାର୍ଯ୍ୟାଳୟ ସର୍ବଦା ସ୍ଥିତିଶୀଳ ନୁହେଁ (Office work do not necessarily require a fixed location) :

କାର୍ଯ୍ୟର ପ୍ରକୃତି ବିବିଧ ହୋଇଥିବାରୁ, କାର୍ଯ୍ୟାଳୟ ମଧ୍ୟ ବିବିଧ କ୍ଷେତ୍ରରେ ପ୍ରତିଷ୍ଠିତ ହୋଇଥାଏ ।

ଏ ସବୁ ଦୃଷ୍ଟିରୁ କାର୍ଯ୍ୟାଳୟର ଗୁରୁତ୍ୱ ବହୁ ଅଧିକ । ଏହା ମୂଲ୍ୟବାନ ତଥ୍ୟର ଭଣ୍ଡାର ଘର, ସ୍ମରଣ କେନ୍ଦ୍ର, ସମନ୍ୱୟ ପ୍ରତିଷ୍ଠା ଓ ନିୟନ୍ତ୍ରଣ କେନ୍ଦ୍ର । ସର୍ବସାଧାରଣଙ୍କ ସହିତ ସଂପର୍କ ଆଦି ଗୁରୁତ୍ୱକୁ ବହନ କରିଥାଏ ।

ନଥ ପ୍ରସ୍ତୁତି:

ଲିଖନ ଏକ କଳା ଓ କୌଶଳ ହୋଇଥିବାରୁ 'ନଥ ପ୍ରସ୍ତୁତି' ବ୍ୟାବହାରିକ ଲିଖନ କଳା ଅନ୍ତର୍ଭୁକ୍ତ। ଅଫିସିକ କାର୍ଯ୍ୟ ନିର୍ବାହ ନିମନ୍ତେ 'ନଥ ପ୍ରସ୍ତୁତି'ର ବହୁ ଗୁରୁତ୍ୱ ରହିଛି।

ସରକାରୀ, ବେସରକାରୀ, ଅର୍ଦ୍ଧସରକାରୀ ସଂସ୍ଥାର ଅଫିସ୍ ସୁପରିଚାଳନା ପାଇଁ ନଥ ପ୍ରସ୍ତୁତି, ନଥିକରଣ, ନଥର ଦାୟବଦ୍ଧତା ଏକାନ୍ତ ଅପରିହାର୍ଯ୍ୟ। ଏହା ହେଉଛି ସଂସ୍ଥାର ସଫଳତା ଓ ବିଫଳତାର ତଥ୍ୟ ଓ ସଂରକ୍ଷଣର କେନ୍ଦ୍ରବିନ୍ଦୁ। କାର୍ଯ୍ୟାଳୟର କାର୍ଯ୍ୟ ସୁପରିଚାଳନା ନିମନ୍ତେ ସମସ୍ତ ପ୍ରକାର ତତ୍ତ୍ୱବଧାନୀ (ଗଭର୍ନାନ୍ସ), ପ୍ରଶାସନିକ (ଆଡ଼ମିନିଷ୍ଟେଟିଭ୍), ଆର୍ଥିକ (ଫାଇନାନ୍ସିଆଲ), ଅମଲାତାନ୍ତ୍ରିକ ଓ ସର୍ବସାଧାରଣୀୟ କାର୍ଯ୍ୟାଧାରାକୁ ନଥିକରଣ ବ୍ୟବସ୍ଥା ଭାବରେ ଗ୍ରହଣ କରାଯାଇଥାଏ।

ନଥର ସ୍ୱରୂପ:

ମୋଟା ମଲାଟ ଉପରେ ଗୁରୁତ୍ୱପୂର୍ଣ୍ଣ କାଗଜାତ ନାଲି ବସ୍ତ୍ରଯୁକ୍ତ ସୂତ୍ରରେ ବନ୍ଧା ହୋଇ ସୁରକ୍ଷିତ ରଖିବାକୁ ନଥ (ଫାଇଲ) କୁହାଯାଏ।

ନଥ ମଲାଟର ବାମ ପାଖରେ ଉପରିଭାଗସ୍ଥ କୋଣରେ ଛିଦ୍ର କରି ଅଥବା ଛିଦ୍ର ବୋତାମ ଲଗାଇ ସୂତ୍ରବନ୍ଧ (ଟ୍ୟାଗ୍) ସଂଯୋଗ କରାଯାଇଥାଏ।

ନଥ ମଲାଟର ଉପରି ଭାଗରେ ସଂସ୍ଥା/କାର୍ଯ୍ୟାଳୟର ନାମ, ଲୋଗୋ (ଏମ୍ବ୍ଲମ୍) ମୁଦ୍ରିତ ହୋଇଥାଏ।

ନଥ ମଲାଟର ଉପରିଭାଗରେ କୌଣସି ଶୂନ୍ୟ ସ୍ଥାନରେ ଅଫିସ୍ ଷ୍ଟାମ୍ପ ବା ମୋହର ଲଗାଯାଇଥାଏ।

ନଥ ମଲାଟରେ କ୍ରମିକ ସଂଖ୍ୟା, ବିଭାଗ, କାର୍ଯ୍ୟର ନାମ, ବର୍ଷ, ମାସ, ତାରିଖ ଲିପିବଦ୍ଧ ହୋଇଥାଏ। ନଥ ବା ଫାଇଲଟି କେଉଁଦିନ ଖୋଲାଗଲା ତାହାର ତାରିଖ ଲେଖାଯାଇଥାଏ।

ନଥର ଭିତର ଅଂଶର ଦାହାଣ ପାର୍ଶ୍ୱରେ ଉଚ୍ଚପଦସ୍ଥ ଅଧିକାରୀଙ୍କ ଆଦେଶନାମା, ସୂଚନା ଚିଠା, ପ୍ରଦାନ କରାଯାଇଥିବା ଆଦେଶ ଗୁଞ୍ଚା ଯାଇଥାଏ।

ବାମ ପାର୍ଶ୍ୱରେ ଅନୁମୋଦନ ଚିଠି, ପ୍ରସ୍ତାବ ଚିଠା, ସୁପାରିଶ ଟିପ୍ପଣୀ ସଂଯୁକ୍ତ ହୋଇଥାଏ।

ନଥର ପ୍ରତ୍ୟେକ କାଗଜପତ୍ରକୁ କ୍ରମାନ୍ୱୟରେ ସଜାଡ଼ି ପୃଷ୍ଠାଙ୍କ ଲେଖାଯାଇଥାଏ। କାରଣ କେହି ଯେପରି କୌଣସି ପୃଷ୍ଠାକୁ ଗୁପ୍ତରେ କାଢ଼ି ନେଇ

ନପାରନ୍ତି । ପୃଷ୍ଠାଙ୍କ ଭୁଲ ହେଲେ ତାହାକୁ କାଟି ବିଭାଗୀୟ ଅଧିକାରୀଙ୍କ ନିକଟରୁ ଦସ୍ତଖତ କରିବାକୁ ପଡ଼େ ।

ନଥି ଭିତର ବାମ ପାର୍ଶ୍ୱରେ ସାମାନ୍ୟ ଧୂସର ରଙ୍ଗର କାଗଜ ଫର୍ଦ୍ଦରେ ନୋଟସିଟ୍ (ଟିପ୍ପଣୀ) ଲିପିବଦ୍ଧ ହୋଇ ସଂଯୁକ୍ତ ହୋଇଥାଏ । ନଥିକରଣକୁ ବିଭିନ୍ନ ରୂପରେ ବିଭକ୍ତ କରାଯାଇଛି । ଯଥା-

       (୧) ବର୍ଣ୍ଣମାଳାଭିତ୍ତିକ

       (୨) ସଂଖ୍ୟା ଭିତ୍ତିକ

       (୩) ବର୍ଣ୍ଣମାଳା ଓ ସଂଖ୍ୟାଭିତ୍ତିକ

       (୪) ଭୌଗୋଳିକ ଅଞ୍ଚଳଭିତ୍ତିକ

       (୫) ବିଷୟବସ୍ତୁ ଭିତ୍ତିକ

       (୬) ସମୟାନୁକ୍ରମିକ

ନଥିଗୁଡ଼ିକୁ ସାଇତିବା ପାଇଁ ଦୁଇ ପଦ୍ଧତି ଗ୍ରହଣ କରାଯାଇଥାଏ । ଯଥା-

       (୧) ପାରମ୍ପରିକ ପଦ୍ଧତି

       (୨) ଆଧୁନିକ ପଦ୍ଧତି

ଟିପ୍ପଣୀ ଲିଖନ:

ଟିପ୍ପଣୀ ଲିଖନ କାର୍ଯ୍ୟାଳୟ ଲିଖନ ଅନୁବିଧିର ଅନ୍ୟତମ ରୂପ । ଏହା ଏକ ଦାପ୍ତରିକ ଅନୁବିଧି । ସଂପ୍ରତି ବୈଷୟିକ ଜ୍ଞାନର ବିକାଶ ଯୋଗୁଁ କମ୍ପ୍ୟୁଟରରେ ଟିପ୍ପଣୀ ପ୍ରସ୍ତୁତ କରାଯାଇ ନଥିକରଣ କରାଯାଉଛି । ପୂର୍ବେ ସାମାନ୍ୟ ଭିନ୍ନ ରଙ୍ଗର ଏକ ମୋଟା କାଗଜରେ ବାମ ପାଖରୁ ୪ ରୁ ୬ ସେ.ମି. ଛାଡ଼ି ଉଚ୍ଚ କର୍ତ୍ତୃପକ୍ଷଙ୍କ ଆଦେଶାବଳୀର ସାର ମର୍ମକୁ ଲିପିବଦ୍ଧ କରିବାକୁ ଟିପ୍ପଣୀ କୁହାଯାଏ ।

ଟିପ୍ପଣୀର ଲକ୍ଷଣ:

(୧) ଟିପ୍ପଣୀ ହେଉଛି ଉଚ୍ଚ କର୍ତ୍ତୃପକ୍ଷଙ୍କ ଆଦେଶାବଳୀର ସାରମର୍ମ ।

(୨) ଦାପ୍ତରିକ କାର୍ଯ୍ୟ ଓ ପଦକ୍ଷେପ ସଂପର୍କରେ ଟିପ୍ପଣୀ ସୂଚନା ପ୍ରଦାନ କରେ ।

(୩) ବିଭାଗୀୟ ସହାୟକ ଟିପ୍ପଣୀ ପ୍ରସ୍ତୁତ କରିଥାଆନ୍ତି ।

(୪) ଟିପ୍ପଣୀ ଫର୍ଦ୍ଦର ଡାହାଣପାର୍ଶ୍ୱର ଶୀର୍ଷରେ ତାରିଖ ଉଲ୍ଲେଖ ଥାଏ ।

(୫) ଟିପ୍ପଣୀ କେଉଁ ଉଚ୍ଚ କର୍ତ୍ତୃପକ୍ଷଙ୍କ ନିକଟକୁ ଯିବ ତାଙ୍କର ପଦବୀ ଉଲ୍ଲେଖ ରହିଥାଏ ।

(୬) ଟିପ୍ପଣୀର ଭାଷା ମାର୍ଜିତ, ସରଳ, ବୋଧଗମ୍ୟ ଓ ତଥ୍ୟନିର୍ଦ୍ଦିଷ୍ଟ ହେବା ଉଚିତ ।

(୭) ଟିପ୍ପଣୀରେ ନିୟମ ଖସଡ଼ା, ନକଲ ସଂଖ୍ୟା, ଦ୍ରଷ୍ଟବ୍ୟ ପ୍ରଦାନ କରାଯିବ ।

(୮) ସମଧରଣର ପୂର୍ବ ଆଦେଶ ଥିଲେ, ତାହାର କ୍ରମିକ ନମ୍ବର, ଭାଗ ସଂଖ୍ୟା, ତାରିଖ ଉଲ୍ଲେଖ ହେବ ।

(୯) ଟିପ୍ପଣୀକାରଙ୍କ ଟିପ୍ପଣୀରେ ତ୍ରୁଟି ପରିଲକ୍ଷିତ ହେଲେ ଉପରିସ୍ଥ ଅଧିକାରୀଙ୍କ ନିକଟକୁ ପୁନଃ ସଂଶୋଧନ ପାଇଁ ପ୍ରେରଣ କରାଯାଇପାରିବ ।

(୧୦) କୋର୍ଟରେ ବିଚାରାଧୀନ କୌଣସି ବିଷୟରେ ଟିପ୍ପଣୀ ପ୍ରସ୍ତୁତ ହୋଇଥିଲେ ମାନ୍ୟବର ବିଚାରାଳୟଙ୍କ ଆଦେଶ ନମ୍ବର, ତାରିଖ ଓ   ମ ର୍ । ଥ୍ର୍

ଉଲ୍ଲେଖ ହେବ ।

(୧୧) ପ୍ରଦତ୍ତ ତଥ୍ୟର କଟାଛଟା, ବାରମ୍ବାର ସଂଶୋଧନ ଓ ଭିନ୍ନ ଭିନ୍ନ କାଲିର ବ୍ୟବହାର ହେବ ନାହିଁ ।

(୧୨) ସ୍ୱାକ୍ଷର, ଠିକଣା, ତାରିଖ ନ ଥିବା ଅଭିଯୋଗ ପତ୍ର ଓ ଅନ୍ୟାନ୍ୟ ଚିଠି ଟିପ୍ପଣୀ ନିମନ୍ତେ ଅଗ୍ରହଣୀୟ ।

ଚିଠା ପ୍ରସ୍ତୁତି Drafting :
    Theprimary meaning of drafting is creating a drawing that specifies an object to be built.

-Aaron Endelman

    କ୍ଷମତାପ୍ରାପ୍ତ ଅଧିକାରୀଙ୍କ ଆଦେଶ ପ୍ରାପ୍ତି ହେବା ପରେ କାର୍ଯ୍ୟାଳୟ ଅମଲା ଚିଠା ପ୍ରସ୍ତୁତ କରିନ୍ତି । ଚିଠା ପ୍ରସ୍ତୁତି ପରେ କ୍ଷମତାପ୍ରାପ୍ତ ଅଧିକାରୀଙ୍କ ଦ୍ୱାରା ଅନୁମୋଦନ ଲାଭ କରି 'ଚିଠା'ରେ ପରିଣତ ହୁଏ ।

    ଚିଠା ବା ଡ୍ରାଫ୍ଟିଙ୍ଗ୍ ଆଫିସିକ ବା କାର୍ଯ୍ୟାଳୟ ତଥ୍ୟ ଅନୁମୋଦନ, ଅଧିସୂଚନା, ବାର୍ତ୍ତା, ବିବରଣୀ, ଆଦେଶକୁ ପ୍ରକାଶ କରିଥାଏ । ଚିଠାର ଆରମ୍ଭ ସରକାରୀ ନିଷ୍ପତ୍ତିର ନିର୍ଦ୍ଦେଶରୁ ଏବଂ ଶେଷ ହୋଇଥାଏ କର୍ମଚାରୀ, ଅଧିକାରୀ, ବ୍ୟକ୍ତିବିଶେଷ, ଅନୁଷ୍ଠାନ ମାନିବା ନିମନ୍ତେ ଆଦେଶରେ ।

ଚିଠାର ବୈଶିଷ୍ଟ୍ୟ ବା ଲକ୍ଷଣ:

(୧) ପ୍ରଥମେ ଉଚ୍ଚ କର୍ତ୍ତୃପକ୍ଷ ଚିଠା ପ୍ରସ୍ତୁତି ନିମନ୍ତେ ଟିପ୍ପଣୀ ପ୍ରଦାନ କରନ୍ତି ।

(୨) ଏହା ପରେ ଲିପିବଦ୍ଧ ଟିପ୍ପଣୀ ନଥି ପଞ୍ଜାରେ ସଜ୍ଜିତ ହୋଇ ଅଧିକାରୀଙ୍କ ସ୍ୱାକ୍ଷର ବା ଅନୁମୋଦନ ପାଇଁ ଯାଏ ।

(୩) ଅଧିକାରୀ ସ୍ୱାକ୍ଷର କଲା ପରେ ତାହା ଚିଠାରେ ପରିଣତ ହୁଏ ।

(୪) ଚିଠା-ଆଦେଶନାମାରେ ପରିଣତ ହେବା ପୂର୍ବରୁ ଅଧିକାରୀ ଆବଶ୍ୟକ ପରିବର୍ତ୍ତନ କରିପାରନ୍ତି ।

(୫) ମାନଙ୍କ ଭାଷାରେ ଚିଠା ପ୍ରସ୍ତୁତ ହୁଏ ।

(୬) ଚିଠା ପ୍ରସ୍ତୁତକାରୀ ଅମଲାମାନଙ୍କର ଉଭୟ ଅଫିସିକ ଭାଷା ଓ ମାନଙ୍କ ଭାଷାରେ ଦକ୍ଷତା ଥିବା ଆବଶ୍ୟକ ।

(୭) ଚିଠାର ନିର୍ଦ୍ଧେଶନାମା ସରଳ ଓ ସ୍ୱସ୍ଫ ହେବା ବିଧେୟ ।

(୮) ଅଧିକାରୀ ସଂପୂର୍ଣ୍ଣ ଚିଠାରେ ସ୍ୱାକ୍ଷର କରିବା ପୂର୍ବରୁ ପ୍ରସ୍ତୁତକାରୀ ଅମଲାଙ୍କ ସ୍ୱାକ୍ଷର ଚିଠାର ବାମ ପାର୍ଶ୍ୱରେ ରହିବା ଆବଶ୍ୟକ ।

(୯) ଚିଠାର ବନାନଗତ ଅଶୁଦ୍ଧି ରହିବା ଅନାବଶ୍ୟକ ।

(୧୦) ଚିଠାରେ ଅଫିସିକ ନମ୍ବର ଓ ତାରିଖ ଲିଖନ ହେବା ଜରୁରୀ ।

(୧୧) ଯଦି ପୂର୍ବରୁ ଏପରି ଚିଠା ପ୍ରସ୍ତୁତ ହୋଇଛି ଏବଂ ତାହ ଅଫିସ୍‌ରେ ମହଜୁଦ ଅଛି, ତାହାର ସହାୟତା ନେବା ଆବଶ୍ୟକ ।

(୧୨) ଉଚ୍ଚ କର୍ତ୍ତୃପକ୍ଷ ଚିଠାର ଶେଷରେ ସ୍ୱାକ୍ଷର କଲା ପରେ, ସ୍ଟାମ୍ପ ବା ମୋହର ଲଗାଇବ ଏବଂ ସର୍ବସାଧାରଣଙ୍କ ଅବଗତି ନିମନ୍ତେ ନୋଟସ୍‌ ବୋର୍ଡ଼ରେ ପ୍ରଦର୍ଶିତ ହେବ ।

(୧୩) ଚିଠାଗୁଡ଼ିକ ସଂକ୍ଷିପ୍ତ ହେବା ଆବଶ୍ୟକ ।

(୧୪) କାରଣ ଦର୍ଶାଅ ଚିଠି ତଥ୍ୟନିଷ୍ଠ ଓ ସଂଯତ ହେବା ଆବଶ୍ୟକ ।

(୧୫) ଭବିଷ୍ୟତର ସୂଚନା ପାଇଁ ଚିଠାର ଏକକିତ ନକଲ ଅଫିସ୍‌ ଫାଇଲ ବା ନଥ ଭାଗରେ ସଂରକ୍ଷିତ ରହିବ ।

(୧୬) ଚିଠାର ମୁଖ୍ୟ ବିଷୟ ବା ପ୍ରସଙ୍ଗ ଗୋଟିଏ ଧାଡ଼ିରେ ଲେଖାଯିବ ।

(୧୭) ଯଦି ଚିଠା ବ୍ୟକ୍ତିଗତ ଗ୍ରାହକଙ୍କ ପାଇଁ ଉଦ୍ଦିଷ୍ଟ ଥାଏ, ତେବେ ପ୍ରେରକ ଓ ଗ୍ରାହକଙ୍କ ନାମ, ପଦବୀ ଓ ଠିକଣା ଲେଖାଯିବ ।

(୧୮) ଚିଠାର ପ୍ରେରକ, ପ୍ରାପକଙ୍କୁ ମହାଶୟ/ମହାଶୟା ସମ୍ବୋଧନପୂର୍ବକ ଚିଠି ପ୍ରେରଣ କରିବେ ।

(୧୯) ଚିଠାର ନିମ୍ନରେ କେଉଁ କେଉଁ ବ୍ୟକ୍ତି ବା ଅଧିକାରୀଙ୍କୁ ଚିଠି ପ୍ରଦାନ କରାଗଲା, ପ୍ରତ୍ୟେକଙ୍କ ନିମନ୍ତେ ଭିନ୍ନ ଭିନ୍ନ ନମ୍ବର ଯଥା- ୯୯, ୧୦୦ କିମ୍ବା ୯୯(କ) ୯୯(ଖ) ପ୍ରକାରେ ନକଲ ପ୍ରସ୍ତୁତ ହେବ ।

ଚିଠାର ଶ୍ରେଣୀ ବିଭାଗ:

(୧) ସ୍ମାରକ ପତ୍ର, ଅଫିସ୍‌ ମେମୋରେଣ୍ଡମ୍‌, ଏନ୍‌ଡୋର୍ସମେଣ୍‌.. ।

(୨) ଅଧିସୂଚନା, ଇସ୍ତାହାର ।

(୩) ପ୍ରସ୍ତାବ, ସଂକଳ୍ପ, ବିଜ୍ଞପ୍ତି ।

(୪) ବିବରଣୀ ଲିଖନ ।

(୫) ଅର୍ଦ୍ଧସରକାରୀ ପତ୍ର ।

(୧) ସ୍ମାରକ ପତ୍ର, ଅଫିସ୍ ମେମୋରେଣ୍ଡମ୍ (ଆଫିସିକ ଜ୍ଞାପନ ପତ୍ର), ଏନ୍‌ଡୋର୍ସମେଣ୍ଟ (ଅବଗତି ସଂସୂଚନା):

ଏହା ସଂପୂର୍ଣ୍ଣ ରୂପେ ଅଫିସ୍ ବା ପ୍ରଶାସନିକ ସ୍ତରର ଆଭ୍ୟନ୍ତରୀଣ ବ୍ୟାପାର ସହିତ ଜଡ଼ିତ । ସରକାରୀ ସ୍ତରରେ ଗ୍ରହଣ କରାଯାଇଥିବା ନିଷ୍ପତ୍ତିକୁ ନିମ୍ନ ବା ଅଧସ୍ତନ କର୍ମଚାରୀଙ୍କ ନିମନ୍ତେ ଏହି ଚିଠା ପ୍ରସ୍ତୁତ ହୋଇଥାଏ । ଅଧସ୍ତନ କର୍ମଚାରୀ ଏହାକୁ ପଢ଼ି 'ଜାଣିଲି/ସ୍ମରଣ କଲି/ଅବଗତ ହେଲି' ବୋଲି ଚିଠାର ପୃଷ୍ଠ ଭାଗରେ ସ୍ୱାକ୍ଷର କରନ୍ତି । ଏହି ପ୍ରକାର ଚିଠା ତୃତୀୟ ପୁରୁଷରେ ଲେଖାଯାଇଥାଏ ।

ଚିଠାର ଆରମ୍ଭ:- ସରକାର/ମାନ୍ୟବର ବିଭାଗୀୟ ମନ୍ତ୍ରୀ/କୁଳାଧିପତି/ଉଚ୍ଚ କ୍ଷମତାସଂପନ୍ନ ସମିତି/ମାନ୍ୟବର ରାଜ୍ୟପାଳଙ୍କ ଆଦେଶ/ନିର୍ଦ୍ଧେଶ/ପରାମର୍ଶ/ ନିଷ୍ପତ୍ତି କ୍ରମେ ଅବଗତି ନିମନ୍ତେ ଜଣାଇ ଦିଆଯାଇଅଛିରୁ ଆରମ୍ଭ ହୋଇଥାଏ ।

ଚିଠାର ଶେଷ:- ନିଷ୍ପତ୍ତି ଅନୁସାରେ ତା.....ରିଖରୁ ଏହା କାର୍ଯ୍ୟକାରୀ ହେବ । ସମସ୍ତ କର୍ମଚରୀ/ଅଧିକାରୀ/ବ୍ୟକ୍ତିବିଶେଷ/ଅନୁଷ୍ଠାନ ଏହାକୁ ଖିଲାପ ନ କରି ମାନିବାକୁ ଏବଂ କାର୍ଯ୍ୟ କରିବାକୁ ଅନୁରୋଧ ।

ଏହି ପ୍ରକାର ଚିଠାର ପରବର୍ତ୍ତୀ ପ୍ରକାର କ'ଣ ହେବ ତାହା ସୂଚନା ଦିଆଯାଇଥାଏ । ଏହି ଚିଠାର ଗୋଟିଏ ଉଦାହରଣ ପ୍ରଦତ୍ତ ହେଲା-

ଫକୀର ମୋହନ ବିଶ୍ୱବିଦ୍ୟାଳୟ, ବାଲେଶ୍ୱର

ପତ୍ରାଙ୍କ - ୧୨୦   ତା ୦୫.୦୨.୨୦୨୨

ପ୍ରେରକ

କୁଳସଚିବ,

ଫକୀର ମୋହନ ବିଶ୍ୱବିଦ୍ୟାଳୟ

ପ୍ରାପ୍ତବ୍ୟ - ସମସ୍ତ ସ୍ନାତକୋଉର ବିଭାଗ ମୁଖ୍ୟ ।

ଏହାଦ୍ୱାରା ସମସ୍ତ ସ୍ନାତକୋ ର ବିଭାଗକୁ ଜଣାଇ ଦିଆଯାଉଛି ଯେ, ଓଡ଼ିଶା ସରକାରଙ୍କ ନିର୍ଦ୍ଧେଶକ୍ରମେ, ଶ୍ରେଣୀ ପାଠ୍ୟଦାନ କାର୍ଯ୍ୟକ୍ରମ ପ୍ରଚଳିତ ଥିବା ଦିବା ୧୦

ଘଟିକାରୁ ଅପରାହ୍ନ ୫ ଘଟିକା ପରିବର୍ତ୍ତେ, ତା ୧୫.୦୫.୨୦୨୨ ରିଖଠାରୁ ସକାଳ ୮ ଘଟିକାରୁ ଦିବା ୩ ଘଟିକା ପର୍ଯ୍ୟନ୍ତ ଚାଲୁ ରହିବ।

ଏଥ୍ ନିମନ୍ତେ ଆବଶ୍ୟକ ନୂଆ ପାଠ୍ୟ ନିର୍ଘଣ୍ଟ ପ୍ରସ୍ତୁତ କରି ବିଭାଗମୁଖ୍ୟ ନିଜ ନିଜ ବ୍ୟାଗରେ ଆବଶ୍ୟକ ପଦକ୍ଷେପ ଗ୍ରହଣ କରିବା ହେବେ।

ସମସ୍ତ କର୍ମଚାରୀ, ଶିକ୍ଷକ ଓ ବିଦ୍ୟାର୍ଥୀଙ୍କ ଅବଗତି ନିମନ୍ତେ ଏହା ଜଣାଇଦିଆଯିବା ଉଚିତ।

(ଲିଖନ–ଆର.ଓ.–ଖ)

କୁଳସଚିବ

ଫକୀର ମୋହନ ବିଶ୍ୱବିଦ୍ୟାଳୟ

(୨) ଅଧ୍ୟସୂଚନା (ଘୋଷଣା) ବା ଇସ୍ତାହାର:

ଅଧ୍ୟସୂଚନା ବା ଇସ୍ତାହାର ହେଉଛି ପୂର୍ବରୁ ପ୍ରଚଳିତ ଆଇନକୁ ଭିତ୍ତିକରି ନୂଆ ଆଇନ ବା ନିୟମ ପ୍ରସ୍ତୁତ କରି ପ୍ରକାଶ କରିବା। ଅଧ୍ୟସୂଚନାରେ ଯେଉଁ ବିଷୟକୁ ଅଙ୍ଗୀଭୂତ କରାଯାଇଥାଏ, ସେଗୁଡ଼ିକ ହେଲା–

(୧) ନୂଆ ଆଇନ ଘୋଷଣା।

(୨) ନୂଆ ଅଧ୍ୟକାରୀ ନିଯୁକ୍ତି ବିଜ୍ଞପ୍ତି।

(୩) ପଦୋନ୍ନତି ବିଜ୍ଞପ୍ତି।

(୪) ବ୍ୟକ୍ତିଗତ ବା ସମୂହ ନିମନ୍ତେ ଆଦେଶ।

ଅଧ୍ୟସୂଚନାର ଲକ୍ଷଣ:

(୧) ଅଧ୍ୟସୂଚନା ଏକ ପ୍ରକାର ଚିଠା।

(୨) ଅଧ୍ୟସୂଚନା ବିଜ୍ଞପ୍ତି ପ୍ରକାଶ କରିଥିବା ଅଧ୍ୟକାରୀଙ୍କ ବିଭାଗ, ତାରିଖ, କ୍ରମିକ ନମ୍ବର ଅଧ୍ୟସୂଚନାରେ ଉଲ୍ଲେଖ ରହିବା ଆବଶ୍ୟକ।

(୩) ପ୍ରାପକଙ୍କ ପଦବୀ ଓ ବିଭାଗ ଲେଖା ଥିବା ଆବଶ୍ୟକ।

(୪) ଅଧ୍ୟସୂଚନା ସଂପର୍କରେ ଏକ ଧାଡ଼ିରେ ବିଷୟ ସୂଚୀତ ହୋଇଥିବ।

(୫) ବିଷୟ ସୂଚୀତ ହେବା ପରେ ବିସ୍ତାରିତ ଚିଠା ପ୍ରସଙ୍ଗ ଉଲ୍ଲିଖିତ ହୋଇଥିବ।

(୬) ଅଧ୍ୟସୂଚନା ମୁଖ୍ୟତଃ ତୃତୀୟ ପୁରୁଷରେ ଲିପିବଦ୍ଧ ହୋଇଥିବ।

(୭) ଅଧ୍ୟସୂଚନାର ଅନ୍ୟ ନାମ ଘୋଷଣା ପତ୍ର ବା ପ୍ରଚାର ପତ୍ର (ସାର୍କୁଲାର)।

(୮) ଅଧ୍ୟସୂଚନା କେବଳ ସରକାରୀ କ୍ଷେତ୍ରରେ ଉଦ୍ଦିଷ୍ଟ।

(୯) ସର୍ବସାଧାରଣ ଅଧ୍ୟସୂଚନାର ସୁଫଳ ଲାଭ କରିବାକୁ ସେତେ଼ନ ହେବା ଉଚିତ।

(୧୦) ସରକାରୀ କର୍ମଚାରୀ ଅଧ୍ୟସୂଚନା ନିୟମ ଅନୁଯାୟୀ କାର୍ଯ୍ୟ କରିବା ଓ ପଦକ୍ଷେପ ନେବା ଉଚିତ ।

(୩) ପ୍ରସ୍ତାବ, ସଂକଳ୍ପ, ବିଜ୍ଞପ୍ତି:

ସଂକଳ୍ପ, ପ୍ରସ୍ତାବ ଓ ବିଜ୍ଞପ୍ତି ସର୍ବୋଚ୍ଚ କର୍ତ୍ତୃପକ୍ଷ ନିର୍ଦ୍ଦେଶରେ ବିଭାଗୀୟ ଅଧିକାରୀ ପ୍ରସ୍ତୁତ କରିଥାଆନ୍ତି ।

ସରକାର ବା ଅନୁଷ୍ଠାନ ଦ୍ୱାରା କାର୍ଯ୍ୟକାରୀ ହେଉଥିବା ବିବିଧ ପ୍ରକଳ୍ପର ଉଦ୍ଦେଶ୍ୟ ଓ କାର୍ଯ୍ୟକାରିତା ସଂପର୍କରେ ସର୍ବସାଧାରଣଙ୍କ ଗୋଚରାର୍ଥେ ଯେଉଁ ଘୋଷଣା ପ୍ରକାଶ ପାଏ ତାହାକୁ ସଂକଳ୍ପ ବା ପ୍ରସ୍ତାବ କୁହାଯାଏ । ସାରକାରୀ ନିଷ୍ପତ୍ତିକୁ ଅବିଳମ୍ବେ କାର୍ଯ୍ୟକାରୀ କରିବାକୁ ଯେଉଁ ଗେଜେଟ୍ ପ୍ରକାଶ ପାଏ, ତାହା ସଂକଳ୍ପ ଅନ୍ତର୍ଗତ ।

ତତ୍କାଳ ଆବଶ୍ୟକତା ଦୃଷ୍ଟିରୁ ଯେଉଁ ନିଷ୍ପତ୍ତି ନିଆଯାଏ ଏବଂ ତାହା ଆଦେଶ ଆକାରରେ ପ୍ରକାଶ ପାଇଲେ ତାହାକୁ ବିଜ୍ଞପ୍ତି ବା ସାଧାରଣ ଘୋଷଣା କୁହାଯାଏ ।

ବିଜ୍ଞପ୍ତି ତ୍ରିବିଧ:-

(୧) ସାଧାରଣ ବିଜ୍ଞପ୍ତି ବା ଘୋଷଣା

(୨) ନିବିଦା ବା ଠିକା ବିଜ୍ଞପ୍ତି ବା ଘୋଷଣା

(୩) ଯୋଗାଣ ଆମନ୍ତ୍ରଣ ଘୋଷଣା

ସରକାରୀ କ୍ଷେତ୍ରରେ ବିଜ୍ଞପ୍ତି ପ୍ରକାଶ ସବୁଠାରୁ ସମ୍ବେଦନଶୀଳ ବିଭାଗ ଅଟେ । ପୁରୁଣା ନିୟମକୁ ଭିତ୍ତିକରି ନୂଆ ନିୟମ ପ୍ରଣୟନ ହେଲେ ସେଥିପାଇଁ ଯେଉଁ ଚିଠା ପ୍ରସ୍ତୁତ ହୁଏ ତାହା ବିଜ୍ଞପ୍ତି ଆକାରରେ ପ୍ରକାଶ ପାଇଥାଏ । ଏଥିରେ ନୂଆ ଆଇନ ବା ନିୟମର ଘୋଷଣା, ନୂତନ ପଦବୀର ନିଯୁକ୍ତି, ପଦୋନ୍ନତି, ବ୍ୟକ୍ତିଗତ ବା ସମୂହ ନିମନ୍ତେ ଆଦେଶ ପ୍ରକାଶ ପାଇଥାଏ ।

ଉଦାହରଣ: ବିଜ୍ଞପ୍ତି:

ସଂଖ୍ୟା-୧୦ (ଘ – ଅବି-୨୨/୨)

ଓଡ଼ିଶା ସରକାର

ଅର୍ଥ ବିଭାଗ   ତା ୧୩.୦୨.୨୦୨୨

ପ୍ରେଷକ – ଶାସନ ସଚିବ, ଅର୍ଥ ବିଭାଗ, ଓଡ଼ିଶା ସରକାର

ପ୍ରାପ୍ତବ୍ୟ – ଓଡ଼ିଶା ସରକାରଙ୍କ ସମସ୍ତ ପ୍ରଶାସନିକ ବିଭାଗ-ଅଧିକାରୀ ।

ବିଷୟ – ସରକାରୀ କର୍ମଚାରୀଙ୍କ ପ୍ରତ୍ୟକ୍ଷ ମହଙ୍ଗା ଭତ୍ତାର ଶତକଡ଼ା ୫୦ ଭାଗ ମୂଳ ଦରମାରେ ମିଶ୍ରଣ ।

ଦଶମ ବେତନ କମିଶନଙ୍କ ପରାମର୍ଶ କ୍ରମେ କେନ୍ଦ୍ର ସରକାରଙ୍କ ଘୋଷଣା ଓ ଓଡ଼ିଶା ସରକାରଙ୍କ ମନ୍ତ୍ରୀପରିଷଦୀୟ ସମିତିଙ୍କ ଅନୁସାରେ ମୁଖ୍ୟ ଶାସନ ସଚିବଙ୍କ ଆଦେଶ ଭିତ୍ତିରେ ନିମ୍ନ ସ୍ୱାକ୍ଷରକାରୀ ଜଣାଉଛନ୍ତି ଯେ, ନିମ୍ନଲିଖିତ ସର୍ତ୍ତାବଳୀ ଓ ନିୟମ ଅନୁଯାୟୀ ୫୦% ଭାଗ ପ୍ରତ୍ୟକ୍ଷ ମହଙ୍ଗାଭତ୍ତା କର୍ମଚାରୀଙ୍କ ମୂଳ ଦରମାରେ ମିଶ୍ରଣ କରାଯିବ ।

(୧) ଏହି ମିଶ୍ରଣ ନିୟମ ଆଗାମୀ ମେ' ମାସ ପ୍ରଥମ ଦିନରୁ ଲାଗୁ ହେବ ।

(୨) ମୂଳ ଦରମାର ୫୦% ଭତ୍ତା ମିଶିବା ପରେ ଅବଶିଷ୍ଟ ଭତ୍ତାରୁ ୧୩ଭାଗ ଅର୍ଥ କର୍ମଚାରୀଙ୍କ ଭବିଷ୍ୟନିଧି ପାଣ୍ଠିରେ ଜମା ହେବ ।

(୩) ମୂଳଦରମାରେ ମିଶିଥିବା ୫୦% ଭାଗ ଭତ୍ତା ପ୍ରତ୍ୟକ୍ଷ ଦରମା ଭାବରେ ବିବେଚିତ ହେବ । ପରବର୍ତ୍ତୀ ଅଧିନିୟମ ଘୋଷଣା ହେବ ପର୍ଯ୍ୟନ୍ତ ଏହି ଅଧିସୂଚନା ବଳବତ୍ତର ରହିବ । ମୁଖ୍ୟ ଶାସନ ସଚିବଙ୍କ ଆଦେଶାନୁସାରେ ।

ସ୍ୱା-

କମିଶନର-ତଥା-ଶାସନ ସଚିବ

ଅର୍ଥ ବିଭାଗ

କ୍ଷାପକ/ସ୍ମାରକ ସଂଖ୍ୟା-୧୧୦୫୭   ତା ୧୩.୦୨.୨୦୨୨

ଏହାର ଅବିକଳ ନକଲ ସମସ୍ତ ସରକାରୀ ଅଧିକାରୀ ସ୍ୱୟଂଶାସିତ ଅନୁଷ୍ଠାନର ମୁଖ୍ୟଙ୍କ ନିକଟକୁ ଅବଗତି ଓ ପଦକ୍ଷେପ ନିମନ୍ତେ ପଠାଗଲା ।

ସ୍ୱା-

ଉପ-ଶାସନ ସଚିବ

ଅର୍ଥ ବିଭାଗ

ସାଧାରଣ ବିଜ୍ଞପ୍ତି:

ନାମଲେଖା, ସରକାରୀ ତାଲିମ ପ୍ରଦାନ, ଅନୁଷ୍ଠାନର ବାର୍ଷିକ ଫଳାଫଳ, ବିବରଣୀ ପ୍ରଦାନ, ସରକାରଙ୍କ ପୂର୍ବ ନିୟମର ପରିବର୍ତ୍ତନ, ମହଙ୍ଗା ଭତ୍ତା ଆଦି ସଂପର୍କରେ ଯେଉଁ ବିଜ୍ଞପ୍ତି ପ୍ରକାଶ ପାଏ ତାହା ସାଧାରଣ ବିଜ୍ଞପ୍ତି ।

ଠିକା ବା ନିବିଦା ବିଜ୍ଞପ୍ତି:

ଯୋଗାଣ ଠିକା, ନିର୍ମାଣ ଠିକା, ସାଧନ ଠିକା, କ୍ରୟବିକ୍ରୟାଦି ଠିକା କାର୍ଯ୍ୟ ପାଇଁ ବିଜ୍ଞପ୍ତି ପ୍ରକାଶକୁ ଠିକା ବିଜ୍ଞପ୍ତି ବା ନିବିଦା (ଟେଣ୍ଡର ନୋଟିସ୍‌) କୁହାଯାଏ। ଏହା ଚାରି ପର୍ଯ୍ୟାୟଭୁକ୍ତ।

(୧) ଉପରିସ୍ଥ କର୍ତ୍ତୃପକ୍ଷ ନିବିଦା ବା ଟେଣ୍ଡର ନୋଟିସ୍‌ ପ୍ରକାଶ କରିବେ।

(୨) ନିବିଦାର ସର୍ତ୍ତ ଆରୋପ ହେବ। ଠିକା ଆବେଦନର ବାର, ତାରିଖ ଘୋଷଣା ହେବ।

(୩) ଟେଣ୍ଡର ଖୋଲାଯିବା ଦିନ ସର୍ବନିମ୍ନ ଟେଣ୍ଡର ଆବେଦନକାରୀ ଚୟନ ହେବ।

(୪) ନିବିଦା ଦାତାଙ୍କୁ କାର୍ଯ୍ୟସାଧନ ନିମନ୍ତେ କାର୍ଯ୍ୟାଦେଶ ପ୍ରଦତ୍ତ ହେବ।

ଯୋଗାଣ ଆମନ୍ତ୍ରଣ ବିଜ୍ଞପ୍ତି:

କୌଣସି ପ୍ୟାକେଜ୍‌କୁ କାର୍ଯ୍ୟକାରୀ କରିବା ପାଇଁ ବହୁ ଜିନିଷର ଆବଶ୍ୟକ ହୋଇଥାଏ। ତେଣୁ ଆବଶ୍ୟକ ଉପକରଣ ଯୋଗାଣ ପାଇଁ ଯେଉଁ ବିଜ୍ଞପ୍ତି ପ୍ରକାଶ ପାଏ ତାହା ଯୋଗାଣ ଆମନ୍ତ୍ରଣ ବିଜ୍ଞପ୍ତି ଅନ୍ତର୍ଭୁକ୍ତ।

(୪) ବିବରଣୀ ଲିଖନ:

ବିବରଣୀର ଅର୍ଥ ହେଉଛି ବିବୃତି ବା ବର୍ଣ୍ଣନା। ବିବୃତି=ବି+ବୃ+ଅନ୍‌- ଅର୍ଥାତ୍‌ ବିସ୍ତୃତ ଭାବରେ ବ୍ୟାଖ୍ୟାନ ବା ବୃତ୍ତାନ୍ତ ବର୍ଣ୍ଣନା। ବିବରଣପୂର୍ଣ୍ଣ ଲିପିବଦ୍ଧ ଚିଠାକୁ 'ବିବରଣୀ' କୁହାଯାଏ।

ବିବରଣୀ ହେଉଛି – ଘଟିଥିବା ଘଟଣା ଓ ଘଟଣା ସହିତ ଜଡ଼ିତ ପୂର୍ବାପର ପ୍ରସଙ୍ଗ, ବ୍ୟକ୍ତି, ଉଦ୍ଦେଶ୍ୟ ଓ ଫଳାଫଳର ତଥ୍ୟ ଓ ସୂଚନାର ଏକ ପ୍ରତ୍ୟକ୍ଷଦର୍ଶୀ ରୂପାୟଣ।

ବିବରଣୀକୁ ତିନି ଭାଗରେ ବିଭକ୍ତ କରାଯାଇଛି–

(୧) ଘାଟଣିକ

(୨) ସ୍ୱକୀୟ

(୩) କଥିତ

'ଘାଟଣିକ' ବିବରଣୀକୁ ଐତିହାସିକ ବିବରଣୀ କୁହାଯାଏ। ଏହାର ପରିସର ବ୍ୟାପକ। ସାଂସ୍କୃତିକ ଅନୁଷ୍ଠାନର ବାର୍ଷିକ ପ୍ରଗତୀ ବିବରଣୀ, ଶିକ୍ଷାନୁଷ୍ଠାନର ବାର୍ଷିକ

ବିବରଣୀ, ସମ୍ବାଦପତ୍ର ପାଇଁ କୌଣସି ଘଟଣାର ବିସ୍ତୃତ ରୂପାୟନ, ଭ୍ରମଣ ଜନିତ ଅନୁଭୂତିର ପରିପ୍ରକାଶ ଇତ୍ୟାଦି 'ଘାଟଣିକ' ବିବରଣୀ ଅନ୍ତର୍ଭୁକ୍ତ।

'କଥିତ ବିବରଣୀ' ଧାରା ବିବରଣୀ ଅନ୍ତର୍ଭୁକ୍ତ। ସ୍ୱକୀୟ ବିବରଣୀକୁ ଆମ୍ ବିବରଣୀ (ବାୟୋଡାଟା) କୁହାଯାଏ।

ବିବରଣୀକୁ ପ୍ରକୃତି ଓ ଉଦ୍ଦେଶ୍ୟ ଭିତ୍ତିରେ ଦୁଇ ଭାଗରେ ବିଭକ୍ତ କରାଯାଇଛି–

(୧) ନିର୍ଘଣ୍ଟ ବିବରଣୀ (ରୁଟିନ୍ ରିପୋର୍ଟ)

(୨) ନିର୍ଦ୍ଦିଷ୍ଟ ବିବରଣୀ (ସ୍ପେସିଆଲ ରିପୋର୍ଟ)

ନିର୍ଘଣ୍ଟ ବିବରଣୀ:-

ଉତ୍ପାଦନ ବିବରଣୀ, ବିକ୍ରୟ ବିବରଣୀ, ବ୍ୟୟ ତାଲିକା ବିବରଣୀ, ନିର୍ଘଣ୍ଟ ବିବରଣୀ ଅନ୍ତର୍ଭୁକ୍ତ।

ନିର୍ଦ୍ଦିଷ୍ଟ ବିବରଣୀ:-

ଜଣେ ବ୍ୟକ୍ତି ଅନୁସନ୍ଧାନ ପୂର୍ବକ କୌଣସି ସଂସ୍ଥା ବା କାର୍ଯ୍ୟ ସଂପର୍କରେ ବିବରଣୀ ପ୍ରସ୍ତୁତ କରି ନିଯୁକ୍ତିକର୍ତ୍ତାଙ୍କୁ ଅବଗତ କରାଇବା ହେଉଛି ନିର୍ଦ୍ଦିଷ୍ଟ ବିବରଣୀ।

କାର୍ଯ୍ୟ ସଂପାଦନ ଭିତ୍ତିରେ ବିବରଣୀକୁ ତିନି ଭାଗରେ ବିଭକ୍ତ କରାଯାଇଛି–

(୧) ତଥ୍ୟଭିତ୍ତିକ ବିବରଣୀ

(୨) ବିଶ୍ଳେଷଣମୂଳକ ବିବରଣୀ

(୩) ଗବେଷଣାମ୍ଳକ ବିବରଣୀ

ତଥ୍ୟଭିତ୍ତିକ ବିବରଣୀ ଏକ ନିର୍ଦ୍ଦିଷ୍ଟ କାର୍ଯ୍ୟକଲାପ ବିଷୟରେ ତଥ୍ୟ ଦିଏ। ଏଥିରେ ବିଶ୍ଳେଷଣର ଆବଶ୍ୟକତା ନ ଥାଏ।

ବିଶ୍ଳେଷଣାମ୍ଳକ ବିବରଣୀ ପ୍ରକୃତ ତଥ୍ୟ ସହ ବିଶ୍ଳେଷଣ କରିଥାଏ। ଗବେଷଣାମ୍ଳକ ବିବରଣୀ 'ବଜାର ଗବେଷଣାମ୍ଳକ ବିବରଣୀ', 'ନିୟମାନୁଗତ ବିବରଣୀ' ପର୍ଯ୍ୟାୟର।

ଗବେଷଣାମ୍ଳକ ବିବରଣୀ ଦୁଇ ପ୍ରକାର–

(୧) ବୈଧାନିକ ବିବରଣୀ

(୨) ଅବୈଧାନିକ ବିବରଣୀ

ବୈଧାନିକ ବିବରଣୀ ନିର୍ଦ୍ଦିଷ୍ଟ ଆଇନ ଅନୁଯାୟୀ ପ୍ରସ୍ତୁତ ହୋଇଥାଏ। ଅବୈଧାନିକ ବିବରଣୀ ବ୍ୟବସାୟ ସୁପରିଚାଳନା ପାଇଁ ପ୍ରସ୍ତୁତ କରାଯାଏ।

ବିବରଣୀର ବୈଶିଷ୍ଟ୍ୟ:

(୧) ବିବରଣୀକୁ ସହଜରେ ବୁଝାଯାଇ ପାରୁଥିବ।

(୨) ବିବରଣୀ ଉପାଦେୟ ଏବଂ ଯଥାର୍ଥ ହୋଇଥିବ।

(୩) ବିବରଣୀ ସଂପୂର୍ଣ୍ଣ ହୋଇଥିବା ଆବଶ୍ୟକ।

(୪) ବିବରଣୀ ଘଟଣା ଓ ଉପସ୍ଥାପନା ମଧ୍ୟରେ ସମ୍ବନ୍ଧ ପ୍ରତିଷ୍ଠା କରୁଥିବ।

(୫) ବିବରଣୀ ପ୍ରସ୍ତୁତି ପାଇଁ ବିଳମ୍ବ ହେବା ଉଚିତ ନୁହେଁ।

(୬) ସାମାଜିକ ସମସ୍ୟା ଓ ଐତିହାସିକ ତଥ୍ୟ ବିବରଣୀର ମୁଖ୍ୟ ଧ୍ୟେୟ ହେବା ଉଚିତ।

(୭) ଅତିରଞ୍ଜିତ ଧର୍ମକୁ ବିବରଣୀ ତ୍ୟାଗ କରିବା ଉଚିତ।

(୮) ବିବରଣୀ ଆଇନ ଓ ନିୟମ ଅନୁଯାୟୀ ପ୍ରସ୍ତୁତ ହେବା ଆବଶ୍ୟକ।

(୯) ବିବରଣୀ ଶେଷରେ ବିବରଣୀକାରୀଙ୍କ ସ୍ୱାକ୍ଷର ଥିବା ଆବଶ୍ୟକ।

(୧୦) ଭିନ୍ନ ଭିନ୍ନ ବିବରଣୀ ପାଇଁ ଭିନ୍ନ ଭିନ୍ନ ଅନୁଚ୍ଛେଦ ଗୃହୀତ ହେବା ଆବଶ୍ୟକ।

(୫) ଅର୍ଦ୍ଧସରକାରୀ ପତ୍ର (ଡେମି-ଅଫିସିଆଲ ଲେଟର):

ସରକାରୀ ଯୋଜନାକୁ କାର୍ଯ୍ୟକାରୀ କରିବା କ୍ଷେତ୍ରରେ ଅମଲାତାନ୍ତ୍ରିକ ଉଦାସୀନତା ଦେଖାଦେଲେ ଉଚ୍ଚପଦସ୍ଥ ଅଧିକାରୀମାନେ ଗୋପନରେ କୌଣସି ଦୃଢ଼ ସିଦ୍ଧାନ୍ତ ଗ୍ରହଣ କଲେ ତାହାକୁ ଅର୍ଦ୍ଧସରକାରୀ ପତ୍ର କୁହାଯାଏ। ବଦଲି, ପଦୋନ୍ନତି, ନିଯୁକ୍ତିକରଣ, ସାକ୍ଷାତକାର ଆହ୍ୱାନ, ନିଯୁକ୍ତି ଚିଠା, କାରଣ ଦର୍ଶାଅ ଆଦେଶନାମା କ୍ଷେତ୍ରରେ 'ଅର୍ଦ୍ଧ ସରକାରୀପତ୍ର' ପ୍ରକାଶ ଲାଭ କରିଥାଏ।

ମୁଦ୍ରିତ ଗଣମାଧମ : ସ୍ୱରୂପ ଓ ବୈଚିତ୍ର୍ୟ

"ଗଣମାଧ୍ୟକୁ"କୁ ଇଂରାଜୀରେ mass media କୁହାଯାଏ । ଗଣ + ମାଧ୍ୟମ = ଗଣମାଧମ । ଯାହା ଜଣକ ପାଇଁ ନିର୍ଦ୍ଦିଷ୍ଟ ନୁହେଁ ବହୁଜଣଙ୍କ ପାଇଁ ଉଦ୍ଦିଷ୍ଟ । Collins Dictionary ରେ କୁହାଯାଇଛି–

"The means communication that reach large numbers of people in a short time x x x x"

ଗଣମାଧମ ଗଣଧର୍ମୀ ସୂଚନା । ଯାହାକି ଗଣଙ୍କ ପାଇଁ ନିୟୋଜିତ । ଏହା ଗଣ ହିତାର୍ଥେ ଉଦ୍ଦିଷ୍ଟ । ଗଣ ଜୀବନର ବାର୍ତ୍ତା ବହନ କରିବାରେ ଅଭିପ୍ରେତ । ଗଣ ସମସ୍ୟାକୁ ପ୍ରସଙ୍ଗ କରିବା ଏହାର ଧର୍ମ ।

କିଏ, କ'ଣ, କିପରି, କେଉଁଠାରେ, କେତେବେଲେ, କାହିଁକି ବା କେଉଁ କାରଣରୁ – ଏହି ଛଅଗୋଟି 'କ' ସୂତ୍ରରେ ଗଣମାଧମ ଗ୍ରଥିତ ।

ଗଣମାଧମର ମୁଖ୍ୟ କାର୍ଯ୍ୟ ହେଉଛି ଯାହା ପୂର୍ବରୁ ଅଜଣା ଥିଲା, ତାହାକୁ ନୂତନ ତଥ୍ୟ ଓ ସୂଚନା ଭିତ୍ତିରେ ପ୍ରକାଶ କରିବା ।

ଗଣମାଧମ ଆସ୍ତିବାଚକ । ଶୁଭଗ ଓ ସମୂହ କଲ୍ୟାଣକାରକ । ମହାତ୍ମା ଗାନ୍ଧିଙ୍କ ମତରେ – "ପ୍ରିୟ ଅପ୍ରିୟ ବିଚାର ଊର୍ଦ୍ଧ୍ୱରେ ନିଷ୍କଳଙ୍କ ହୋଇ ସତ୍ୟ ଘଟଣା ପରିବେଷଣ କରିବା ଗଣମାଧମର ଗୁରୁ କର୍ତ୍ତବ୍ୟ । ମାତ୍ର ଅସତ୍ୟ (ଚଞ୍ଚଳତାପୂର୍ଣ୍ଣ, ଭିତ୍ତିଶୂନ୍ୟ) ଘଟଣାକୁ ଅତିରଞ୍ଜିତ କରି ପ୍ରଚାର କରିବା ହେଉଛି ଗଣମାଧମର ଗଣଦ୍ରୋହୀ କାର୍ଯ୍ୟ ।"

ନୂତନ ଘଟଣା, ନୂତନ ପ୍ରସଙ୍ଗ, ନୂତନ ବିଚାର, ନୂତନ ସିଦ୍ଧାନ୍ତ, ନୂତନ ଉଦ୍ଭାବନର ତତ୍କାଲିନ ଗୁରୁତ୍ଵକୁ ବୋଧଗମ୍ୟ ରୀତିରେ ସାହିତ୍ୟିକ ରସମୟତା ଭଙ୍ଗୀରେ ଜନସମ୍ମୁଖରେ ଉପସ୍ଥାପିତ କରିବାର ଦାୟିତ୍ଵକୁ ଗଣମାଧମ ବହନ କରିଥାଏ ।

ବୈଦ୍ୟୁତିକ ଗଣମାଧମ ଦ୍ରୁତ ଗତିରେ ପ୍ରସାର ଲାଭ କରୁଥିବା ବେଲେ ମୁଦ୍ରିତ ଗଣମାଧମର ଗୁରୁତ୍ଵ ହ୍ରାସ ହୋଇନାହିଁ ।

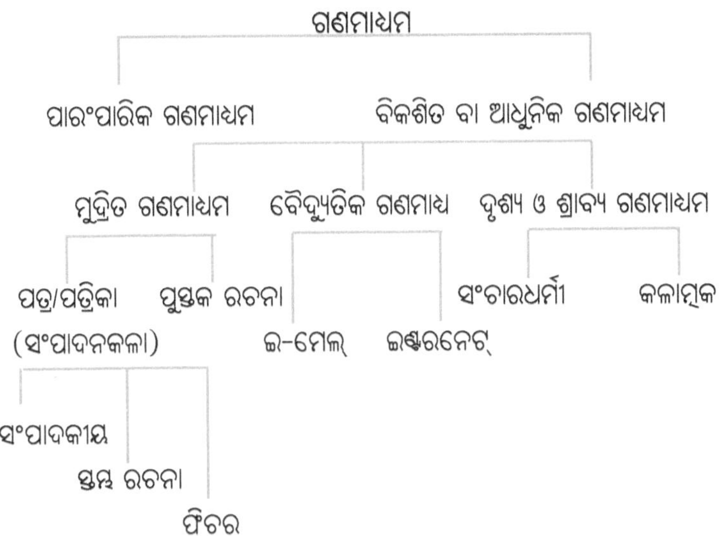

ମୁଦ୍ରିତ ଗଣମାଧମ ବ୍ୟକ୍ତିଗତ ପତ୍ର, ବ୍ୟବସାୟିକ ପତ୍ର, ସରକାରୀ ପତ୍ର, ନିମନ୍ତ୍ରଣ ପତ୍ର; ଦୈନିକ ସମ୍ବାଦ, ସାପ୍ତାହିକ ସମ୍ବାଦ, ପାକ୍ଷିକ ସମ୍ବାଦ; ମାସିକ ପତ୍ରିକା, ତ୍ରୟମାସିକ ପତ୍ରିକା, ବାର୍ଷିକ ପତ୍ରିକା; ସ୍ମରଣିକା, ବିଶେଷ ସଂଖ୍ୟା, ଗବେଷଣା ପତ୍ର; ପାଠ୍ୟପୁସ୍ତକ, ଗବେଷଣା ଗ୍ରନ୍ଥ, ସଂପାଦନା ଗ୍ରନ୍ଥ, ଗ୍ରନ୍ଥାବଳୀ, ସମାଲୋଚନା ଗ୍ରନ୍ଥ, ସମୀକ୍ଷା ଗ୍ରନ୍ଥ; ଗଳ୍ପ, ଉପନ୍ୟାସ, ନାଟକ, ଭ୍ରମଣ କାହାଣୀ, ଜୀବନୀ, ଆତ୍ମଜୀବନୀ, କାବ୍ୟ, କବିତା, ଏକାଂକିକା, ଶିଶୁସାହିତ୍ୟ; ପାମ୍ଫଲେଟ୍, ପୋଷ୍ଟର, ବ୍ୟାନର, ଲିଫ୍‌ଲେଟ୍, ମୁଦ୍ରିତ ଗଣମାଧମ ଅନ୍ତର୍ଭୁକ୍ତ ।

ମୁଦ୍ରିତ ଗଣମାଧମ ଦ୍ୱାରା ଭାବ ପ୍ରକାଶ ଅଧିକ ପ୍ରଭାବଶାଳୀ ତଥା ସ୍ମରଣଯୋଗ୍ୟ, ଗ୍ରହଣୀୟ ହୋଇଥାଏ । ମନର ସଂଗୁପ୍ତ ଭାବନା, ବେଦନା, ଆବେଦନ ପ୍ରକାଶ; ପ୍ରତିଷ୍ଠାନ ଓ ଆଫିସିକ ପରିଚାଳନା; ଶିକ୍ଷା, ସ୍ୱାସ୍ଥ୍ୟ ମନୋରଞ୍ଜନର ନୂତନ ରୁଚିବୋଧ; ଐତିହ୍ୟ, ସଂସ୍କୃତି, ଇତିହାସର ମହତ୍ତର ଆଭାସ ପ୍ରକାଶିତ ହୋଇଥାଏ । ସଭ୍ୟତାର ବିକାଶ ସହିତ ଗଣମାଧମର ବ୍ୟାପକ ବ୍ୟବହାରର ଅଭିବୃଦ୍ଧି ଘଟିଛି । ମଣିଷର ଦିନକୁ ଦିନ ବୌଦ୍ଧିକ ବିକାଶ ଘଟୁଥିବାରୁ ଏହାର ଅଭିବ୍ୟକ୍ତି ନିମନ୍ତେ ମୁଦ୍ରିତ ଗଣମାଧମର ଭୂମିକା ଖୁବ୍ ଗୁରୁତ୍ୱପୂର୍ଣ୍ଣ । ଦେଶ ଦେଶ ମଧ୍ୟରେ ବିକାଶର ପ୍ରତିଯୋଗୀତାକୁ ମୁଦ୍ରିତ ଗଣମାଧମ ଅଧିକ ଫଳପ୍ରସୂ କରିଥାଏ ।

ମୁଦ୍ରିତ ଗଣମାଧମ ଯୋଗାଯୋଗ କ୍ଷେତ୍ରରେ ଶ୍ରେଷ୍ଠ ମାଧମ ରୂପେ ବିବେଚିତ ହୋଇଥାଏ । ଡେନିସ ମ୍ୟାକୁୱେଲ – ଏହାକୁ ପ୍ରତିଫଳନ ଓ ପ୍ରଭାବର ସୂତ୍ର ରୂପେ

ଗ୍ରହଣ କରିଛନ୍ତି । ବିଶ୍ୱର ପ୍ରତିମୁହୂର୍ତ୍ତରେ ଘଟୁଥିବା ବିବିଧ ଘଟଣାକୁ କୋଣେ ଅନୁକୋଣେ ସଂପ୍ରସାରିତ କରିବା କ୍ଷେତ୍ରରେ ଏହି ମାଧ୍ୟମ ବିଶିଷ୍ଟ ଭୂମିକା ଗ୍ରହଣ କରିଥାଏ ।

ମୁଦ୍ରିତ ଗଣମାଧ୍ୟମର ଲକ୍ଷଣ:

(୧)   ସଦ୍ୟ ଓ ବାସ୍ତବ ତଥ୍ୟ ଯୋଗାଇ ଦେଇ ସମୟୋଚିତ ପରାମର୍ଶ ପ୍ରଦାନ କରିବା ।

(୨)   ଆଞ୍ଚଳିକ, ରାଷ୍ଟ୍ରୀୟ, ଆନ୍ତର୍ଜାତିକ ସମସ୍ୟାକୁ ଉପସ୍ଥାପନ କରି ସମୂହ ପ୍ରଗତିର ବାର୍ତ୍ତା ପ୍ରଚାର କରିବା ଏହାର ଉଦ୍ଦେଶ୍ୟ ।

(୩)   ମାନବୀୟ ମୂଲ୍ୟବୋଧକୁ ମୁଖ୍ୟ ପ୍ରସଙ୍ଗ କରି ମୁଦ୍ରିତ ଗଣମାଧ୍ୟମ 'ବସୁଧୈବ କୁଟୁମ୍ବକମ୍' ନୀତିରେ ପରିଚାଳିତ ।

(୪)   ମୁଦ୍ରିତ ଗଣମାଧ୍ୟମ ସାମାଜିକ ଓ ସାଂସ୍କୃତିକ ଦାୟିତ୍ୱ ସଂପାଦନ କରିଥାଏ ।

(୫)   ସୂଚନା ମାଧ୍ୟମରେ ସତର୍କତା ପ୍ରଦାନ କରେ ।

(୬)   ଏହା ଜାଗରଣ ସୃଷ୍ଟିକାରୀ ମାଧ୍ୟମ ।

(୭)   ପ୍ରାକୃତିକ ବିପର୍ଯ୍ୟୟ, ଜରୁରୀ ଓ ଜଟିଳ ପରିସ୍ଥିତିରେ ବନ୍ଧୁ ପରି ଅବିର୍ଭାବ ହୁଏ ।

(୮)   ମୁଦ୍ରିତ ଗଣମାଧ୍ୟମଦ୍ୱାରା ସାହିତ୍ୟ ଓ ସଂସ୍କୃତି ଗତିଶୀଳ ଓ ପ୍ରଭାବଶୀଳ ହୋଇଥାଏ ।

(୯)   ଶିକ୍ଷାଧାରାକୁ ଜ୍ଞାନ ଗର୍ଭକ କରିଥାଏ ।

(୧୦)   ଆର୍ଥନୀତିକ ପ୍ରଚାର, ପ୍ରସାର ଓ ସଂରକ୍ଷଣ କରେ ।

(୧୧)   ମୁଦ୍ରିତ ଗଣମାଧ୍ୟମ ଗଣତନ୍ତ୍ରର ୪ର୍ଥ ସ୍ତମ୍ଭ ଭାବେ ନିରପେକ୍ଷତା ଅବଲମ୍ବନ କରି ନିଜର ମୂଲ୍ୟବାନ ଦାୟିତ୍ୱ ବହନ କରିଥାଏ ।

ମୁଦ୍ରିତ ଗଣମାଧ୍ୟମ ବ୍ୟତୀତ ବେତାର, ଦୂରଦର୍ଶନ, ଦୂରଭାଷ, ବୈଦ୍ୟୁତିକ ବାର୍ତ୍ତାପ୍ରେରଣ, ଇମେଲ, ଇଣ୍ଟରନେଟ୍ ମାଧ୍ୟମରେ ଗଣମାଧ୍ୟମର ପରିସର, ଦାୟିତ୍ୱ ଓ ଅଭିମୁଖ୍ୟ ବୃଦ୍ଧି ପାଇଛି ।

ମୁଦ୍ରିତ ଗଣମାଧ୍ୟମ : ସାହିତ୍ୟ ଓ ସମ୍ବାଦ

Literature and the media are inextricably linked by context and the values which they dissect.

- Alexander Superslim

Media reminds you the harsh realities of life. Literature helps you escape those ugly realities

- Sneha Jaiswal

ସମ୍ବାଦ ଓ ସାହିତ୍ୟ ଉଭୟ ମୁଦ୍ରିତ ଗଣମାଧ୍ୟମ ଦ୍ୱାରା ପ୍ରକାଶିତ ହୋଇଥାଏ । କାଗଜ ପୃଷ୍ଠାରେ ମୁଦ୍ରଣ କରାଯାଇ ପାଠକ ପାଖରେ ପହଞ୍ଚି ପାରିଲେ ତାହା ମୁଦ୍ରିତ ଗଣମାଧ୍ୟମ ।

ସାହିତ୍ୟ ଓ ସମ୍ବାଦର ଜନ୍ମ ହେଉଛି ଏକ ଯମଜ ଜନ୍ମ ପ୍ରସଙ୍ଗ ସହ ସମ୍ବନ୍ଧାନ୍ଵିତ । ସମ୍ବାଦ ସାହିତ୍ୟର କଚ୍ଚନାରୁ ସଂଜାତ ହୋଇଛି ଏବଂ କ୍ରମିକ ବିବର୍ଦ୍ଧନ ଦେଇ ସତ୍ୟାଶ୍ରୟୀ ହୋଇ ଏକ ପ୍ରତ୍ୟକ୍ଷ ଅଭିବ୍ୟକ୍ତିରେ ପାଲଟିଛି 'ଚର୍ଚ୍ଚିତ ଗଣମାଧ୍ୟମ' । ସମ୍ବାଦ ପରିବେଷଣ ଓ ସାହିତ୍ୟ ସର୍ଜନ ଉଭୟ ପାଇଁ ଭାଷା ହେଉଛି ମୂଳ ଉପାଦାନ । ଅବୟବ ଓ ଅଭିଲିପ୍ସା ଦୃଷ୍ଟିରୁ ଦୁହେଁ ଅଭିନ୍ନ ନୁହନ୍ତି ।

ସାହିତ୍ୟ ଓ ସମ୍ବାଦ ପରସ୍ପର ସହିତ ସଂପୃକ୍ତ, ଅଥଚ ନିଜସ୍ୱ ଧାରାରେ ଉଭୟ ପରିଚାଳିତ । ଅତୀତରେ ପୁରାଣ ସାହିତ୍ୟ ଥିଲା ସମ୍ବାଦଧର୍ମୀ । ଶ୍ରୀମଦ୍ ଭାଗବତରେ ଷଡ଼୍‍ସମ୍ବାଦ ଏହାର ଯଥାର୍ଥ ଦୃଷ୍ଟାନ୍ତ । ସାହିତ୍ୟ ଓ ସମ୍ବାଦ ଉଭୟର ଧର୍ମ ଗଣବାର୍ତ୍ତାକୁ ପ୍ରକାଶ କରିବା ।

ସାହିତ୍ୟ ଓ ସମ୍ବାଦ କେହି କାହାର ଶତ୍ରୁ ନ ଥିଲେ । ଆଜି ବି ଉଭୟଙ୍କ ଭିତରେ କୌଣସି ଶତ୍ରୁତା ନାହିଁ । ଉଭୟର ମିଳନ ଦ୍ୱାରା ଉଚ୍ଚମାନର ସମ୍ବାଦ ପରିବେଷିତ ହୋଇଥାଏ । ସମାଜ ଓ ସଂସ୍କୃତିର ମଙ୍ଗଳ ବିଧାନରେ ଉଭୟଙ୍କର ଭୂମିକା ଖୁବ୍ ଗୁରୁତ୍ୱପୂର୍ଣ୍ଣ । ଉଭୟେ ପରସ୍ପରର ସାହାଚର୍ଯ୍ୟ ଲାଭ କଲେ ଉଭୟଙ୍କର ସ୍ୱାତନ୍ତ୍ର୍ୟ ପ୍ରକଟିତ ହେବା ସହିତ ଜ୍ଞାନବିଜ୍ଞାନର ପରିସର ଓ ସମାଜ ତଥା ସଂସ୍କୃତିର ସାମୂହିକ କଲ୍ୟାଣ ସମ୍ଭବପର ହୋଇପାରିବ ।

ଅନେକ ସାମ୍ୟ ଓ ବୈଷମ୍ୟ ମଧ୍ୟ ଦେଇ ସାହିତ୍ୟ ଓ ସମ୍ବାଦ ଅପ୍ରତିହତ ଗତିରେ କ୍ରିୟାଶୀଳ । ବହୁବିଧ ବୈଶିଷ୍ଟ୍ୟ ଧାରଣ ପୂର୍ବକ ସେମାନଙ୍କ ସଂପର୍କ ଯୁଗପତ୍ ପ୍ରବହମାନ ।

(୧)	ସାହିତ୍ୟ ଆବେଗ କମ୍ପିତ ପ୍ରାଣ ପ୍ରବାହକୁ ଧାରଣ କରିଥିବା ବେଳେ, ସମ୍ବାଦରେ ତାହା ମିଳେ ନାହିଁ ।

(୨)	ସମ୍ବାଦ କଠିନ ଭାଷ୍ୟର ପଞ୍ଜିକା, କିନ୍ତୁ ସମସ୍ତଙ୍କ ବୋଧଗମ୍ୟ ହେବା ପାଇଁ ଅତ୍ୟନ୍ତ ସହଜ ଓ ସରଳ ଭାଷାରେ ପରିପ୍ରକାଶ ଲଭିଥାଏ । କିନ୍ତୁ ସାହିତ୍ୟ ଭାଷା ଲାଳିତ୍ୟ ନିକଟରେ ରଣୀ ।

(୩)	ସମ୍ବାଦ ସତ୍ୟ ଓ ତଥ୍ୟର ଉପଯୁକ୍ତ ବିବରଣୀ । ମାତ୍ର ସାହିତ୍ୟ ବାସ୍ତବତାର ଆଧାରରେ କଳ୍ପନାର ସୂକ୍ଷ୍ମ ଇନ୍ଦ୍ରଜାଲ । କଳ୍ପନା ସହିତ ବାସ୍ତବତା ନ ମିଶିଲେ ସାହିତ୍ୟ ହୋଇପାରିବ ନାହିଁ ।

(୪)	ସତ୍ୟ ପ୍ରକାଶ କ୍ଷେତ୍ରରେ ସମ୍ବାଦ କୌଣସି ପ୍ରକାରର ଭାବ ପ୍ରବଣତା ଓ ଆବେଗକୁ ପ୍ରଶ୍ରୟ ଦିଏନାହିଁ । ସାହିତ୍ୟ ନିରାଟ ସତ୍ୟକୁ ସିଧାସଳଖ ପ୍ରକାଶ ନ କରି ନିଜସ୍ୱ ଢଙ୍ଗରେ ବୁଲେଇ ବଙ୍କେଇ ଉପସ୍ଥାପିତ କରେ ।

(୫)	ସମ୍ବାଦ ଦୈନନ୍ଦିନ ଘଟଣାର ଫର୍ଦ ହୋଇଥିବା ବେଳେ ସାହିତ୍ୟ ଉଭୟ ପ୍ରାତ୍ୟହିକ ଓ ଏକ ବୃହତ୍ତର ଯୁଗୀୟ ଅବବୋଧକୁ ନେଇ ରଚିତ
ହୋଇଥାଏ ।

(୬)	ପୃଷ୍ଠାକରେ ସାହିତ୍ୟ ହୋଇପାରେ, କିନ୍ତୁ ଚୁମ୍ବକରେ ସମ୍ବାଦ ପ୍ରକାଶ ଲଭିଥାଏ । କଳେବର ଦୃଷ୍ଟିରୁ ଉଭୟ ସ୍ୱତନ୍ତ ଓ ଭିନ୍ନ ।

(୭)	ସାହିତ୍ୟ କାହାଣୀ ଧର୍ମୀ, ମାତ୍ର ସମ୍ବାଦ ଘଟଣା କୈନ୍ଦ୍ରିକ ଓ ପ୍ରାମାଣିକ ।

(୮)	ସମ୍ବାଦ ଓ ସାହିତ୍ୟରେ ବ୍ୟକ୍ତି ହେଉଛି ଚରିତ୍ର । ମାତ୍ର ନାଟକୀୟତା ଗ୍ରହଣୀୟ ନୁହେଁ ।

(୯)	ସାହିତ୍ୟର ପାଠକୀୟତା ଏକ ମୋହାନୁବନ୍ଧ ଅଭିପ୍ରାୟିକତାକୁ ନେଇ ସ୍ୱସ୍ଥ ଓ ସ୍ୱଚ୍ଛ ହୋଇଥିବା ବେଳେ, ସମ୍ବାଦରେ ପାଠକୀୟ ମୋହ ନ ଥାଏ । ଏଥିରେ ସତ୍ୟ, ସମ୍ବେଦନଶୀଲତା ଓ ପ୍ରାମାଣିକତା ପ୍ରତି ଅଧିକ ଆଗ୍ରହ ଓ ଅନୁରକ୍ତି ପ୍ରକାଶ ପାଇଥାଏ ।

(୧୦)	ସାହିତ୍ୟରେ ଥାଏ ରସବୋଧ, ରହସ୍ୟବୋଧ, ଉପକ୍ରମ, ସଞ୍ଚରଣଶୀଲତା; ସମ୍ବାଦରେ ଥାଏ ପ୍ରତ୍ୟକ୍ଷ ଅବବୋଧ । ଯାହା ସାହିତ୍ୟ ସର୍ଜନାରେ ବିପରୀତ ଧର୍ମୀ ।

(୧୧)	ସାହିତ୍ୟରେ ନାଟକୀୟତା ଥାଏ । ସମ୍ବାଦରେ ନାଟକୀୟତା ଗ୍ରହଣୀୟ ନୁହେଁ ।

(୧୨)	ସାହିତ୍ୟ ସଂସ୍କାର ଲୋଡ଼େ । ନିର୍ଦ୍ଦେଶକୁ ବାହାବା ଦିଏ । ଦୋଷକୁ ପ୍ରଶ୍ରୟ ଦିଏ । ସତ୍ୟ ଜାଣି ସୁଦ୍ଧା କ୍ଷମା ଆଚରଣ କରେ । କାରଣ– ପରିବର୍ତ୍ତନ

ତା'ର ଉଦ୍ଦେଶ୍ୟ । କିନ୍ତୁ ସମ୍ବାଦ କୃତକର୍ମର ଶାସ୍ତି ପାଇଁ ପ୍ରସ୍ତୁତ ରହିବାକୁ ବାଧ୍ୟ କରେ । ନିଷ୍ଠୁର ବାସ୍ତବତାକୁ ସାମ୍ନା କରିବାକୁ ସତତ ପ୍ରଚେଷ୍ଟା କରେ ।

(୧୩) ସ୍ୱାଧୀନ ଭାବରେ କିଛି କହିବାର ସ୍ୱାଧୀନତା ସମ୍ବାଦର ନାହିଁ । 'ଯାହା ଦେଖିଲି   ତାହା କହିଲି' ନ୍ୟାୟରେ ପରିଚାଳିତ । କିନ୍ତୁ ସାହିତ୍ୟ ଯାହା ଦେଖେ ତାଠାରୁ ଅଧିକ କିଛି କହେ, ମନୋରଞ୍ଜନ କରେ ।

(୧୪) ସାହିତ୍ୟ 'ସମ୍ବାଦ'କୁ କାହାଣୀ ରୂପେ ଗ୍ରହଣ କରିପାରେ । କିନ୍ତୁ 'ସମ୍ବାଦ' ସାହିତ୍ୟକୁ କାହାଣୀ ଭାବରେ ଗ୍ରହଣ କଲେ ସତ୍ୟ ନିକଟରେ ପରାସ୍ତହୁଏ ।

(୧୫) ବାର୍ତ୍ତା (ମେସେଜ୍) ପ୍ରଦାନ କରିବା ସାହିତ୍ୟ ଓ ସମ୍ବାଦର ମୂଳ ଆଭିମୁଖ୍ୟ । କିନ୍ତୁ ବାର୍ତ୍ତା ପ୍ରଦାନରେ ସମ୍ବାଦ ପ୍ରତ୍ୟକ୍ଷ, ସାହିତ୍ୟ ପରୋକ୍ଷ ଭାବରେ ବାର୍ତ୍ତାପ୍ରଦ ।

(୧୬) ସାହିତ୍ୟ ଓ ସମ୍ବାଦ ଉଭୟ ଶୁଦ୍ଧ ଲିଖନର ଅପେକ୍ଷା କରେ । ଏଥି ନିମନ୍ତେ ବ୍ୟାକରଣ ଜ୍ଞାନ ଏକାନ୍ତ ଅପରିହାର୍ଯ୍ୟ । ସାହିତ୍ୟ ସମ୍ବନ୍ଧରେ ଧାରଣା ନ ଥିଲେ ଜଣେ ବିସ୍ତାରିତ ଘଟଣାକୁ ସଂକ୍ଷେପରେ ଓ ସଂକ୍ଷିପ୍ତ ଘଟଣାକୁ ବିସ୍ତାରିତ ଭାବରେ ପରିବେଷଣ କରିବାକୁ ଅସମର୍ଥ ହୋଇଥାଏ । ସାହିତ୍ୟ ସହିତ ସଂପୃକ୍ତ ହେଲେ ସାଧାରଣ ସମ୍ବାଦଟିଏ ଅତ୍ୟନ୍ତ ଆକର୍ଷଣୀୟ ଢଙ୍ଗରେ ଉପସ୍ଥାପିତ ହୋଇପାରେ ।

ସାହିତ୍ୟ ମନୋବିନୋଦନ କରୁଥିବାବେଳେ, ସମ୍ବାଦ ମାନସିକ ଖାଦ୍ୟ ଯୋଗାଇଥାଏ । ଅତୀତରେ ପାଠକ ସାହିତ୍ୟକୁ ବିବିଧ ଜ୍ଞାନ ଆହରଣ କରୁଥିଲା । ମାତ୍ର ଆଜି ଜ୍ଞାନ ବିସ୍ଫୋରଣ ଯୁଗରେ ସେ ପ୍ରକାରର ଜ୍ଞାନ ଏକାନ୍ତ ପାରମ୍ପରିକ ହୋଇପଡ଼ିଛି । ଆଜି ସମ୍ବାଦ ଚତୁର୍ଦିଗ ପରିକ୍ରମା କରି ପାଠକମାନଙ୍କ ନିକଟରେ ପାଲିଟି ଯାଇଛି ଜ୍ଞାନର ଅସରନ୍ତି ଗଣ୍ଠାଘର ।

ମୁଦ୍ରିତ ଗଣମାଧ୍ୟମ : ସଂପାଦନ କଳା

Journalism editing is a stage of the writing process in which a writer or Editor strives to improve a draft (and sometimes prepare it for publication) by correcting errors and by making words and sentences clearer more precise and more effactive.

ଯେକୌଣସି ଖବରକାଗଜ ବା ପତ୍ରିକା ସଂପାଦନା କ୍ଷେତ୍ରରେ ଜଣେ ସଂପାଦକ ହେଉଛି ଶ୍ରେଷ୍ଠତମ ନିର୍ଦ୍ଧାରକ । କ'ଣ ପତ୍ରିକାରେ ସ୍ଥାନିତ ହେବ, ସେ ହେଉଛନ୍ତି ସମସ୍ତ ପ୍ରକାର ପ୍ରକାଶନଗତ ସମସ୍ୟାର କ୍ଷେତ୍ରପାଳ । ତେଣୁ ଜଣେ ସଂପାଦକର ଲକ୍ଷଣ ବହୁବିଧ ।

(୧)	ଜଣେ ସଂପାଦକ ପ୍ରକାଶ ନିମନ୍ତେ ଆବଶ୍ୟକ ପାଣ୍ଡୁଲିପି ସଂଗ୍ରହ ପାଇଁ ପଦକ୍ଷେପ ଗ୍ରହଣ କରିବେ ।

(୨)	ପାଣ୍ଡୁଲିପିଗୁଡ଼ିକର ପ୍ରକାଶ ନିମନ୍ତେ ଆବଶ୍ୟକୀୟ ପ୍ରସ୍ତୁତି କରିବେ ।

(୩)	ଆବଶ୍ୟକୀୟ ପରିବର୍ତ୍ତନ ଓ ଶୁଦ୍ଧସୁଦ୍ଧି ପରୀକ୍ଷଣ କରିବେ ।

(୪)	ପାଠକୀୟ ଆଦୃତି ଲାଭ ନିମନ୍ତେ ସଂଯୋଜନା କରିବେ ।

(୫)	ପାଣ୍ଡୁଲିପିଗୁଡ଼ିକୁ ଭଲ ଭାବରେ ଅଧ୍ୟୟନ ପୂର୍ବକ ଭ୍ରମସଂଶୋଧନ କରିବେ ।

(୬)	ଲେଖାରେ ନିହିତ ଆଦର୍ଶ ଅନୁଧ୍ୟାନ ନିମନ୍ତେ ନିଜ ଜ୍ଞାନର ଉପଯୋଗ କରିବେ ।

(୭)	ସୁବୋଧ୍ୟ ସଂପାଦକୀୟ ସ୍ତମ୍ଭ ପ୍ରସ୍ତୁତ କରିବେ ।

(୮)	ବିଷୟଗୁଡ଼ିକର ଉପଯୁକ୍ତ ସୂଚୀକରଣ କରି ସୂଚୀ ପ୍ରସ୍ତୁତ କରିବେ ।

(୯)	ପାଣ୍ଡୁଲିପିଗୁଡ଼ିକର ଉଚ୍ଚକୋଟୀର ମୂଲ୍ୟ, ଉପଯୋଗୀତା ଓ ବାସ୍ତବତା ସଂପର୍କରେ ପୁଙ୍ଖାନୁପୁଙ୍ଖ ମୂଲ୍ୟାୟନ କରିବେ ।

(୧୦)	ବାରମ୍ବାର ଲେଖାଗୁଡ଼ିକ ସଂପର୍କରେ ପରୀକ୍ଷା ନିରୀକ୍ଷା କରିବେ ଓ ପ୍ରୁଫ୍ ସଂଶୋଧନକୁ ଗୁରୁତ୍ୱ ଦେବେ ।

(୧୧) ପାଠକମାନଙ୍କର ଆଗ୍ରହ ପ୍ରତି ଗୁରୁତ୍ୱ ପ୍ରଦାନ କରି ଲେଖାର ଆଖ୍ୟାନ ଭାଗକୁ ଗୁରୁତ୍ୱ ଦେବେ। ଦରକାର ହେଲେ ପରିବର୍ତ୍ତନ କରିବେ।

(୧୨) ପାଣ୍ଡୁଲିପିର କେତେକ ପରିବର୍ତ୍ତନ ନିମନ୍ତେ ରଚୟିତାଙ୍କ ମତ ଲୋଡ଼ିବା ଆବଶ୍ୟକ।

(୧୩) ପ୍ରକାଶ ପାଇବାକୁ ଥିବା ପାଣ୍ଡୁଲିପିଗୁଡ଼ିକର ଆବଶ୍ୟକତା ଓ ନିହିତ ମୂଲ୍ୟବୋଧ ଅନୁଯାୟୀ ସାଙ୍କେତିକ ଚିତ୍ର ପ୍ରଦାନ କରିବେ।

(୧୪) ଗୁରୁତ୍ୱପୂର୍ଣ୍ଣ ସମ୍ବାଦ ପ୍ରକାଶର ଅବ୍ୟବହିତ ପୂର୍ବରୁ ସାମ୍ୱାଦିକ ସମ୍ମିଳନୀ କରିବେ କିମ୍ବା ରେଡିଓ ଓ ଟେଲିଭିଜନ୍‌ରେ ସୂଚନା ଦେବେ।

(୧୫) ବ୍ୟାକରଣଗତ ତ୍ରୁଟି ପରଖିବେ।

(୧୬) ସଂପାଦକ ପାଣ୍ଡୁଲିପି ସଂପାଦନ କାଳରେ ପ୍ରୁଫ୍‌ ସଂଶୋଧନ ନିମନ୍ତେ କେତେକ ସାଙ୍କେତିକ ଲିପି ବ୍ୟବହାର କରିବା ଉଚିତ।

୬ or ୪ or ୨...	ଉଠାଇଦେବା ବା କାଟିଦେବା
◯ ...	ଯୋଡ଼ିଦେବା
◌ ...	କାଟିଦେବା ଓ ଯୋଡ଼ିଦେବା
^ or > or ୵ ...	କିଛି ଯୋଗକରିବା
# ...	ସ୍ଥାନ ଛାଡ଼ିବା
eg # ...	ସମାନ ସ୍ଥାନ ଛାଡ଼ିବା
tr ...	ଶବ୍ଦକୁ ଆଗକୁ ବା ପଛକୁ ଘୁଞ୍ଚାଇଦେବା
q ...	ଅନୁଚ୍ଛେଦ ବା ପାରାଗ୍ରାଫ୍‌ ଆରମ୍ଭ କରିବା
= or -/ or ◌ or /a/ ...	ସମାସ ଚିହ୍ନ ଯୋଗକରିବା
v ...	ବର୍ଗ ଚିହ୍ନ ପରି ଉପରେ ଛୋଟ କରିବା
∧ ...	ଶବ୍ଦ ତଳେ ଛୋଟ ଅକ୍ଷର ଦେବା
⋏ ...	କମା ଚିହ୍ନ ଦେବା
◡ ...	ଉପରକମା ଦେବା
; or ; / ...	ସେମିକୋଲୋନ୍‌ ଦେବା
: or ◌ ...	କୋଲୋନ୍‌ ଚିହ୍ନ ଦେବା
" " or ◡ ◡ ...	ଉଦ୍ଧୃତି ଚିହ୍ନ ଦେବା
bf ...	ଅକ୍ଷର ମୋଟା କରିବା

ସଂପାଦନ କଳା ଦୁଇ ପ୍ରକାର-

(୧) The ongoing edit (ଅଗ୍ରଗତିମୂଳକ)

(୨) The draft edit (ଚିଠାମୂଳକ)

ଅଗ୍ରଗତିମୂଳକ ସଂପାଦନା କ୍ଷେତ୍ରରେ ନିଜ ରଚନା ପ୍ରାଧାନ୍ୟ ଲାଭ କରିଥାଏ। ନିଜ ରଚନା ବିଷୟରେ ନିଜେ ଅବଗତ ଥିବା ଦୃଷ୍ଟିରୁ ଏବଂ ରଚନାର ଶଦ୍ଧ ପ୍ରୟୋଗ ସହିତ ରଚୟିତାଙ୍କ ସଂପର୍କ ନିବିଡ଼ ଅଟେ। ତେଣୁ ପାଠକୀୟ ରୁଚିବୋଧକୁ ଉପଲବ୍ଧ କରି ଅକ୍ଷର, ବାକ୍ୟ କିମ୍ବା ବର୍ଣ୍ଣନାରେ ପରିବର୍ତ୍ତନ କରାଯାଇପାରେ। କାରଣ ବହୁ ଆଗରୁ ପାଠକମାନଙ୍କର ଲେଖକଙ୍କ ସହିତ ପରିଚିତ ଅଛି।

ଚିଠାମୂଳକ ସଂପାଦନା କ୍ଷେତ୍ରରେ ଅନ୍ୟର ରଚନା ଗୁରୁତ୍ୱ ଲାଭ କରିଥାଏ। ଏହି କ୍ଷେତ୍ରରେ ସଂପାଦନା ବହୁ କଷ୍ଟ ସାଧ୍ୟ। କାରଣ ରଚୟିତାଙ୍କ ରଚନାର ଲକ୍ଷ୍ୟ ଓ ଉଦ୍ଦେଶ୍ୟ ସମ୍ବନ୍ଧରେ ସଂପାଦକ ଅଜ୍ଞ ଥାଏ। ପାଠକେ ତାହାକୁ ଗ୍ରହଣ କରିବେ କି ନାହିଁ ସନ୍ଦେହ ଥାଏ। କାହାରି କାହାରି ମନ ଉପରେ ଏହ ଛାପ ପକାଇ ନ ପାରେ।

ବିଭାଗୀକରଣ ଦୃଷ୍ଟିରୁ ସଂପାଦକ ସଂପାଦନା ସମୟରେ ଗଠନଗତ କେତେକ ସ୍ୱାଭାବିକତା ରକ୍ଷା କରିବା ଏକାନ୍ତ ଜରୁରୀ। ଯଥା- ପୃଷ୍ଠା ସୂଚୀ _______ ପ୍ରସ୍ତାବନ _______ ଶିରୋନାମା _______ ଉପବିଭାଗ ସଂଖ୍ୟା _______ ସୂଚନା _______ ଯୁକ୍ତିର ସାରାଂଶ _______ ମଧ୍ୟବର୍ତ୍ତୀ _______ ଉପସଂହାର _______ ରେଖାଚିତ୍ର।

ସଂପାଦନା କ୍ଷେତ୍ରରେ ଭାଷାଗତ ସମନ୍ୱୟ ରକ୍ଷା କରିବା ଏକାନ୍ତ ଜରୁରୀ। କାରଣ ଭାଷା ପାଠକୀୟ ଆଦୃତି ଲାଭ କରିବାରେ ପ୍ରମୁଖ ଭୂମିକା ଗ୍ରହଣ କରିଥାଏ। ଭାଷା ଉପଯୁକ୍ତ ଭାବେ ସଂଯୋଜିତ ହୋଇ ପାରିଲେ ବାକ୍ୟର ସାବଲୀଲତା ରକ୍ଷା ହୋଇଥାଏ। ଏଥିପାଇଁ କେତେକ ବିଧ୍ ରହିଛି।

(କ) କେତେକ ଅନାବଶ୍ୟକ ଶଦ୍କୁ ବାଦ୍ ଦେଇ ଅର୍ଥଯୁକ୍ତ ଶଦ୍ଧ ଚୟନ ଆବଶ୍ୟକ।

(ଖ) ଶଦ୍ଧଗୁଡ଼ିକ ଏକାନ୍ତ ଭାବେ ବୋଧଗମ୍ୟ ହେବା ଉଚିତ।

(ଗ) ସମାସ ରହିତ ବାକ୍ୟ ଅଧିକ ପ୍ରଭାବଶୀଳ ହୋଇ ଥାଏ।

(ଘ) ଶଦ୍ଧର ପୌନଃପୌନିକତା ଦୂର କରିବା ଆବଶ୍ୟକ।

(ଙ) ସର୍ବନାମ ବ୍ୟବହାର କ୍ଷେତ୍ରରେ ମଧ୍ୟ ସତର୍କତା ଏକାନ୍ତ ଆବଶ୍ୟକ।

(ଚ) ବାକ୍ୟଗୁଡ଼ିକ ନାତିଦୀର୍ଘ ହେବା ଉଚିତ।

(ଛ) ବାକ୍ୟରଣ ଗତ ତ୍ରୁଟିକୁ ବିଶେଷ ଗୁରୁତ୍ୱ ଦେବା ଆବଶ୍ୟକ।

(ଜ) ଦ୍ୱୈତ୍ୟ ଅର୍ଥ ପ୍ରକାଶକ ଶଦ୍କୁ ବାଦ୍ ଦେବା ଉଚିତ।

ଲେଖକୀୟ ପ୍ରକାଶଭଙ୍ଗୀ ହେଉଛି ଶୈଳୀ। ଭିନ୍ନ ଭିନ୍ନ ଲେଖକଙ୍କ ଶୈଳୀଗତ ବିଭିନ୍ନତା ପରିଲକ୍ଷିତ ହୋଇଥାଏ। ଜଣେ ସଂପାଦକ ଶୈଳୀକୁ ସଂପାଦନ କରିବା କଷ୍ଟକର ବ୍ୟାପାର। ତଥାପି କେତେକ କ୍ଷେତ୍ରରେ ଧ୍ୟାନ ଦେବା ଏକାନ୍ତ ଆବଶ୍ୟକ।

(କ) ବିବିଧ ପରିବେଶକୁ ଉପସ୍ଥାପନ କାଳରେ ଶୈଳୀ ସ୍ୱତନ୍ତ୍ର ସ୍ୱତନ୍ତ୍ର ହେବା ଆବଶ୍ୟକ। ସୂର୍ଯ୍ୟୋଦୟ କାଳରେ ବର୍ଷନାର ଯେଉଁ ରୂପକୁ ଗ୍ରହଣ କରାଯାଇଥାଏ, ସନ୍ଧ୍ୟାକାଳର ବର୍ଷନା ପାଟବ ଭିନ୍ନ ହେବା ଆବଶ୍ୟକ।
(ଖ) ବାକ୍ୟଗୁଡ଼ିକ ସରଳ ହେବା ଉଚିତ।
(ଗ) ଶୈଳୀ ସର୍ବଦା ବୈଜ୍ଞାନିକ ହେବା ଉଚିତ।
(ଘ) ଶୈଳୀ ଲେଖକକୁ ପରିଚିତ କରିଥାଏ। ତେଣୁ ଅନ୍ୟର ଶୈଳୀ ଯେପରି ଅନୁସୃତ ନ ହୁଏ ସଂପାଦକ ଧ୍ୟାନ ଦେବା ଉଚିତ।

ସଂପାଦନା ଏକ କଳା। କେବଳ ଶିକ୍ଷାଗତ ଯୋଗ୍ୟତା ଆଧିକ୍ୟ ହେଲେ ଜଣେ ସୁସଂପାଦକ ହୋଇପାରିବ ନାହିଁ। ସଂପାଦନା ପାଇଁ ଆଗ୍ରହ ଓ ଧୈର୍ୟ୍ୟ ଥିବା ଆବଶ୍ୟକ।

ମୁଦ୍ରିତ ଗଣମାଧମ : ସଂପାଦକୀୟ

An Editorial is an leading article written by the senior Editor or a senior representative of the editorial team.

ମୁଦ୍ରିତ ଗଣ ମାଧମର ଏକ ବିଶେଷ ଉପସ୍ଥାପନା ବା 'ସ୍ତ୍ମ୍ଭ' ହେଉଛି ସଂପାଦକୀୟ । ସମ୍ବାଦପତ୍ର କିମ୍ବା ପତ୍ରିକା ପୃଷ୍ଠାରେ କୌଣସି ଏକ ଗୁରୁତ୍ୱପୂର୍ଣ୍ଣ ବିଷୟ ସମ୍ବନ୍ଧରେ ସଂପାଦକଙ୍କ ବକ୍ତବ୍ୟ, ମନ୍ତବ୍ୟ, ବିଚାର ଓ ବିତର୍କକୁ 'ସଂପାଦକୀୟ' କୁହାଯାଏ ।

ସମାଜତତ୍ତ୍ୱବିଦ୍ ଡୋନାଲ୍ଡ ଟାୟାରମ୍ୟାନ୍ଙ୍କ ମତରେ- "ସଂପାଦକୀୟ ଏକ ସୁଇଙ୍ଗ୍ ଡୋର ଏବଂ ଏହା ଯେଉଁ ଦିଗକୁ ଖୋଲିଲେବି ଜନମତକୁ ବୃଦ୍ଧିଦୀପ୍ତ ତର୍କଣାରେ ଆନ୍ଦୋଲିତ ଓ ସଚେତନ କରି ଗଢ଼ିବ ।"

ଡେଭିଡ୍ ଓଇନରାଇଟ୍ଙ୍କ ମତରେ- "ଭଲ ସଂପାଦକୀୟ ପ୍ରାସଙ୍ଗିକ ବିତର୍କକୁ ଦିଗ୍‌ଦର୍ଶନ ମାତ୍ର ଦେଇଥାଏ ।"

ସମାଜବିଜ୍ଞାନୀ ନିକୋଲାସ୍ଙ୍କ ମତରେ- "ସଂପାଦକୀୟ ଲେଖିଲାବେଳେ ସଂପାଦକଙ୍କୁ ସାମନାରେ ନିଜ ଭାଷା ସାହିତ୍ୟର ମହତ୍ତର ଗ୍ରନ୍ଥଗୁଡ଼ିକ ଦେଖାଯାଉଥିବା ଉଚିତ ।"

ବିଶିଷ୍ଟ ସଂପାଦକ ବିଶ୍ୱନାଥ କରଙ୍କ ଭାଷାରେ- "ଜାତୀୟ ଜୀବନର ସରସ ଉପଲବ୍‌ଧିକୁ ସଂପାଦନା କରି ସଂପାଦକ ମଙ୍ଗଳମୟ, ମଧୁମୟ, ଅମୃତମୟ ଓ ଗତିଶୀଳ ଜୀବନର ସତ୍ୟଟିଏ ପ୍ରକାଶ କରିଛନ୍ତି ।"

ସମ୍ବାଦପତ୍ର / ପତ୍ରପତ୍ରିକାରେ ସଂପାଦକୀୟ ସ୍ତ୍ମ୍ଭ ଅଗ୍ରଲେଖ ଭାବରେ ସ୍ଥାନ ଲାଭ କରିଥାଏ । ସମ୍ବାଦପତ୍ରର ଦ୍ୱିତୀୟ ପୃଷ୍ଠାରେ ସଂପାଦକୀୟ ମୁଖପାତ୍ରୀୟ ଅଭିମତ ଭାବରେ ପ୍ରକାଶ ପାଇଥାଏ । ରାଜନୀତି ସମସ୍ୟା, ଶିକ୍ଷାର ସାଂପ୍ରତିକ ସ୍ଥିତି, ଧର୍ମର ଅବକ୍ଷୟ, ସାଂପ୍ରଦାୟିକତା ଆଦି ବିବିଧ ବିଷୟ ସଂପାଦକୀୟରେ ସ୍ଥାନ ପାଇଥାଏ । ତେଣୁ ସଂପାଦକୀୟର ବିବିଧ ରୂପ ରହିଛି ।

(୧) ପ୍ରସଙ୍ଗ ଭିତ୍ତିକ ସଂପାଦକୀୟ

(୨) ଭାବାମ୍ଳକ ସଂପାଦକୀୟ

(୩) ସ୍ଲୋଗାନଧର୍ମୀ ସଂପାଦକୀୟ

(୪) ଆବେଗଧର୍ମୀ ସଂପାଦକୀୟ

(୧) ପ୍ରସଙ୍ଗଧର୍ମୀ ସଂପାଦକୀୟ :

ସଂପ୍ରତି ସର୍ବସାଧାରଣରେ ବିଶେଷ ଆଲୋଚ୍ୟ ପ୍ରସଙ୍ଗକୁ ଆଧାର କରି ଯେଉଁ ସ୍ତମ୍ଭ ରଚିତ ହେଉଛି, ତାହା ପ୍ରସଙ୍ଗ ଭିତ୍ତିକ। ଏହାର ଉତ୍କର୍ଷ ଓ ଅପକର୍ଷ ଦିଗ ସଂପର୍କରେ ସଂପାଦକ ଆଲୋକପାତ କରିଥାନ୍ତି। ନାରୀ ନିର୍ଯ୍ୟାତନା, ଆତଙ୍କବାଦ, ଶରଣାର୍ଥୀ ସମସ୍ୟା ଭଳି ବିଷୟ ଏଥିରେ ଅନ୍ତର୍ଭୁକ୍ତି।

(୨) ଭାବାମ୍ଳକ ସଂପାଦକୀୟ :

ଏହି ପ୍ରକାର ସଂପାଦକୀୟ ବୌଦ୍ଧିକ ନୁହେଁ। ଉପସ୍ଥାପନରେ ଲାଲିତ୍ୟ ଓ ଆବେଗମୟତା ଏଥିରେ ଗୁରୁତ୍ୱ ଲାଭ କରିଥାଏ। କବିତା ପାଠ କଳା ପରି ଏହି ସଂପାଦକୀୟ ପାଠକୁ ଦ୍ରବୀଭୂତ କରେ। 'ସ୍ମୃତି ତୁମେ ନୁହେଁ ଭୁଲିବାର' ଏହିପରି ସଂପାଦକୀୟ ଉଦାହରଣ।

(୩) ସ୍ଲୋଗାନଧର୍ମୀ ସଂପାଦକୀୟ :

ଏହା ଶିକ୍ଷା ବା ଅଦର୍ଶଗତ। କୌଣସି ଏକ ବିଶେଷ ବିଷୟ ପ୍ରତି ସଚେତନତା ସୃଷ୍ଟି କରିବା ଏହି ସଂପାଦକୀୟର ଉଦ୍ଦେଶ୍ୟ। ଏଥିରେ ଗୋଟିଏ ଶିରୋନାମା ଥାଏ। 'ଆମ ହାତରେ ଆମ ସ୍ୱାସ୍ଥ୍ୟ' ଏହି ଶ୍ରେଣୀୟ।

(୪) ଆବେଗଧର୍ମୀ ସଂପାଦକୀୟ :

ଏହା କୌଣସି ଏକ ବିଷୟର ଆଙ୍ଗିକ ଓ ଆମ୍ଳିକ ଦୃଷ୍ଟିରୁ ଗୁରୁତ୍ୱପ୍ରଦାନ କରିଥାଏ। ଅର୍ଥାତ୍ ଅଭିମତର ଉତ୍କର୍ଷ ଦିଗ ପ୍ରତି ସଂପାଦକ ସଚେତନ ଥାଇ ସଂପାଦକୀୟ ରଚନା କରନ୍ତି।

ମୁଦ୍ରିତ ଗଣମାଧ୍ୟମରେ 'ସଂପାଦକୀୟ' ଏକ ଗୁରୁତ୍ୱପୂର୍ଣ୍ଣ ଉପସ୍ଥାପନା। ଏହା ସଂପାଦକଙ୍କର ଏକ ଅନୁଭୂତିଗତ ସ୍ୱାଧୀନ ଅଧିକାର। ସମୂହ ଚେତନାକୁ ଆନ୍ଦୋଳିତ ପ୍ରଲୁବ୍ଧ କରିବା କ୍ଷେତ୍ରରେ ସଂପାଦକୀୟ ପ୍ରମୁଖ ଭୂମିକା ଗ୍ରହଣ କରିଥାଏ। ସଂପାଦକୀୟ ବିଶେଷ ଲକ୍ଷଣଯୁକ୍ତ।

(୧)	ସଂପାଦକୀୟ ବାସ୍ତବତାର ଅଧିକ ନିକଟବର୍ତ୍ତୀ।

(୨)	ନୂତନ ମୂଲ୍ୟବୋଧ ଓ ଆଦର୍ଶକୁ ପ୍ରକାଶ କରିବା ସଂପାଦକୀୟର ଧର୍ମ।

(୩)	ଏହା ଜୀବନର ସପକ୍ଷବାଦୀ। ଜୀବନ ପ୍ରତି ଅନୁକୂଳ ମତ ପ୍ରକାଶ କରିଥାଏ।

(୪)	ସଂପାଦକୀୟ ସର୍ବଦା ସୃଜନାମ୍ଲକ। ସାମୂହିକ ସ୍ୱାର୍ଥ ପ୍ରତି ଗଠନାମ୍ଲକ ସିଦ୍ଧାନ୍ତ ଗ୍ରହଣ କରିଥାଏ।

(୫)	ସଂପାଦକୀୟ ଅତିଶୟୋକ୍ତି ବା ଅତିରଞ୍ଜିତ ଅଭିଭାଷଣକୁ ପ୍ରଶ୍ରୟ ଦିଏନାହିଁ।

(୬)	ମାନବିକତାର ଜୟଗାନ ସଂପାଦକୀୟର ଉଦ୍ଦେଶ୍ୟ।

(୭)	ସାମାଜିକ ଶାସନ ନୀତି ଓ ଆର୍ଥନୀତିକ ପରିଚାଳନାଗତ ବ୍ୟବସ୍ଥାକୁ ବଦଲାଇ ଦେବାରେ ସଂପାଦକୀୟ ଭୂମିକା ଗୁରୁତ୍ୱପୂର୍ଣ୍ଣ।

ସଂପାଦକୀୟ ସ୍ତମ୍ଭ ବୃହତ ହେବା ଉଚିତ ନୁହେଁ। ସଂପାଦକୀୟ ରଚନା ବେଳେ ସଂପାଦକ କେତେକ ନିୟମ ନିର୍ଦ୍ଧିଷ୍ଟ ଶୃଙ୍ଖଳାକୁ ଗୁରୁତ୍ୱ ଦେଇଥାଆନ୍ତି। ଏହା ହେଉଛି ସଂପାଦକୀୟ ଶୈଳୀ ବା ଲିଖନ ଅନୁବିଧି।

(୧) Arguement and Persuasion (ଭାବର ବିବାଦମୂଳକ ଆଦାନ ଏବଂ ଦୃଢ଼ ବିଶ୍ୱାସ ସ୍ଥାପନ)-

କୌଣସି ସମସ୍ୟା ବା ଅବସ୍ଥା ସଂପର୍କରେ ପାଠକୁ ଚିନ୍ତା କରିବା ନିମନ୍ତେ ଏହି ଶୈଳୀ ସୁଯୋଗ ପ୍ରଦାନ କରେ। ଯାହା ନିର୍ଦ୍ଧିଷ୍ଟ ସିଦ୍ଧାନ୍ତରେ ଉପନୀତ କରାଏ।

(୨) Information and Interpretation (ତଥ୍ୟ ଓ ବ୍ୟାଖ୍ୟା ପ୍ରକରଣ)-

କୌଣସି ଅବସ୍ଥା ବା ସମ୍ବାଦ ପ୍ରକାଶନର କାରଣ ସଂପର୍କରେ ଏହା ସୂଚୀତ କରିଥାଏ। ଅତୀତର ଏହିପରି ଘଟଣା ସଂପର୍କରେ ତଥ୍ୟ ପ୍ରଦାନ ସହିତ ବ୍ୟାଖ୍ୟା ମଧ୍ୟ କରାଯାଇଥାଏ।

(୩) Tribute, Appreciation or Commendation (ସମ୍ମାନ, ପ୍ରଶଂସା ଏବଂ ସୁପାରିଶ)-

କୌଣସି ବ୍ୟକ୍ତିର କାର୍ଯ୍ୟକଳାପକୁ ପ୍ରଶଂସା କରିବା ଏବଂ ସମ୍ମାନ ପ୍ରଦାନ ନିମନ୍ତେ ସୁପାରିଶ ବା ଦାବୀ ଉପସ୍ଥାପନ କରିବା ଏହି ଶୈଳୀର ଲକ୍ଷଣ।

(୪) Entertainment (ଆନନ୍ଦ ପ୍ରଦାନ)-

ଚିଉ ଉଲ୍ଲାସକାରୀ ସଂପାଦକୀୟ କୌତୁକପ୍ରଦ କିମ୍ବ ବ୍ୟଙ୍ଗାମ୍ଲକ ହୋଇପାରେ। ଅସଲ ବାସ୍ତବତାକୁ ଅଧିକ ଗ୍ରହଣୀୟ କରିବା ପାଇଁ ଏହି ଶୈଳୀ ଅନୁସ୍ରୁତ ହୋଇଥାଏ।

ସଂପାଦକୀୟ ଏକ ଦାୟିତ୍ୱ ସଂପନ୍ନ କାର୍ଯ୍ୟ। ଏହା ଯୁକ୍ତିନିଷ୍ଠ ତର୍କଣା, ବିଷୟ ସମୟଧୀୟ ମୌଳିକ ଧୀଶକ୍ତି, ତଥ୍ୟର ତ୍ରୁଟିଶୂନ୍ୟ ଓ ପ୍ରତ୍ୟୟ ସୃଷ୍ଟିକାରୀ ଗୁମ୍ଫନ, ସ୍ଥିତପ୍ରଜ୍ଞ ବିଚାରନିଷ୍ଠ ଦୃଷ୍ଟିଭଙ୍ଗୀ ଉପରେ ପ୍ରତିଷ୍ଠିତ ହୋଇଥାଏ।

ସାଧାରଣତଃ ଖବରକାଗଜର ମଝି ପୃଷ୍ଠାର ବାମପାଖ ଉପରୁ ତଳ କର୍ଯ୍ୟନ୍ତ ସଂପାଦକୀୟ ପ୍ରକାଶ ପାଇଥାଏ। ସଂପାଦକୀୟ ଆଲେଖ୍ୟ ଉପରେ ଏକ ଶୀର୍ଷକ ବା ନାମକରଣ ଥାଏ। ସାଧାରଣତଃ ସଂପାଦକୀୟ ଆଲେଖ୍ୟକୁ ତିନୋଟି ପର୍ଯ୍ୟାୟରେ ବିଭକ୍ତ କରାଯାଇଛି।

(୧) ମୁଖବନ୍ଧ।

(୨) ବିସ୍ତରଣ।

(୩) ନିଷ୍କର୍ଷ।

(୧) ମୁଖବନ୍ଧ :

ସଂପାଦକୀୟର ପ୍ରଥମାଂଶଟି ହେଉଛି ସମଗ୍ର ସଂପାଦକୀୟର ମୁଖବନ୍ଧ। ସମୁଦାୟ ପ୍ରସଙ୍ଗରେ କ'ଣ ରଖାଯିବ କେବଳ ମୁଖବନ୍ଧ ହିଁ ସୂଚାଇ ଦେଇଥାଏ।

(୨) ବିସ୍ତରଣ :

ସାଧାରଣ ସମସ୍ୟା ଓ ଏହାର ଅନୁସଙ୍ଗିକ କାରଣ ଏବଂ ଏହାର ନିରାକରଣାର ବିବିଧ ଉପାୟ ପ୍ରଭୃତି ସଂପର୍କରେ ଏହି ପର୍ଯ୍ୟାୟରେ ସବିଶେଷ ଆଲୋକପାତ କରାଯାଇଥାଏ।

(୩) ନିଷ୍କର୍ଷ :

ମୁଖବନ୍ଧରେ ବକ୍ତବ୍ୟ, ବିସ୍ତରଣରେ ବିସ୍ତୃତି ଓ ନିଷ୍କର୍ଷରେ ମତାମତ ପ୍ରକାଶ ପାଇଥାଏ।

ବରିଷ୍ଠ ଓ ଅଭିଜ୍ଞ ସଂପାଦକମାନେ ସଂପାଦକୀୟ ପରି ଗୁରୁଦାୟିତ୍ୱ ବହନ କରିଥାଆନ୍ତି। ସଂପାଦକୀୟରେ ସୁଦୀର୍ଘ ବାକ୍ୟ ପ୍ରତିବଦଳରେ ଅପେକ୍ଷାକୃତ ମାର୍ଜିତ ଶୈଳୀରେ ଗାମ୍ଭୀର୍ଯ୍ୟ ରକ୍ଷା କରିବା ଭଳି ଆଲେଖ୍ୟ ପ୍ରସ୍ତୁତ ହୋଇଥାଏ। ନିଷ୍କର୍ଷରେ ପାଠକମାନେ ଅସନ୍ତୁଷ୍ଟ କିମ୍ବା ପ୍ରଭାବିତ ହେଲେ ନିଜ ନିଜର ମତାମତ ଦେଇ ସଂପାଦକଙ୍କୁ ଚିଠି ଲେଖି ଜଣାଇଥାଆନ୍ତି। ଏଣୁ ଖବରକାଗଜରେ ପାଠକୀୟ ମତ ସ୍ଥାନ ପାଇଥାଏ।

ମୁଦ୍ରିତ ଗଣମାଧମ : ସ୍ତମ୍ଭ ରଚନା

ମୁଦ୍ରିତ ଗଣମାଧମ ଓ ବିବିଧ ପତ୍ରପତ୍ରିକାରେ ବିଭିନ୍ନ ପ୍ରକାର ସ୍ତମ୍ଭ ପ୍ରକାଶିତ ହୋଇଥାଏ। ଫିଚର ଏକ ସ୍ତମ୍ଭ ନୁହେଁ, କିନ୍ତୁ ସ୍ତମ୍ଭ ଭଳି ଅବବୋଧ ହୋଇଥାଏ। ଫିଚର ହେଉଛି ଏକ ସମ୍ବାଦ, ଯାହା କାହାଣୀଧର୍ମୀ। କିନ୍ତୁ ସ୍ତମ୍ଭରେ ନୂଆ କଥା, ନୂଆ ତଥ୍ୟ, ନୂଆ ଯୁକ୍ତି ଓ ନୂଆ ଜୀବନ ବୈଚିତ୍ର୍ୟ ପ୍ରକାଶିତ ହୋଇଥାଏ।

ଡକ୍ଟର ନୃସିଂହ ଷଡ଼ଙ୍ଗୀଙ୍କ ମତରେ- "ସ୍ତମ୍ଭ ଯେକୌଣସି ବିଷୟକ ଏକ ଚିନ୍ତା ନିଷ୍ଠ ଆଲେଖ୍ୟ। ପ୍ରଚଣ୍ଡ ଉପଲବ୍ଧି, ବ୍ୟାପକ ଚିନ୍ତାଶୀଳତା ଓ ପର୍ଯ୍ୟାପ୍ତ ଅନୁଶୀଳନ ସହ କୌଣସି ନା କୌଣସି ଆବେଗିକ ପ୍ରସଙ୍ଗ ଆଧାରରେ ଆଭିମୁଖ୍ୟକୁ ପ୍ରକଟିତ କରୁଥିବା ଯେକୌଣସି ବୌଦ୍ଧିକ ନଚେତ୍ ବ୍ୟଞ୍ଜନାଧର୍ମୀ ବିଚାର।"

– ଭାବ ବିନିମୟ ଓ ଯୋଗାଯୋଗର ଭାଷା ମାଧମ

ଡକ୍ଟର ସନ୍ତୋଷ ତ୍ରିପାଠୀଙ୍କ ମତରେ-

"ଶୁଷ୍କ ସମ୍ବାଦକୁ ଭାବାମ୍ବକ ଓ ଆବେଗାମ୍ବକ କରିବାର ସହଜ-ସରଳ- ସରସ ଉପାୟ ହେଉଛି ସ୍ତମ୍ଭ ରଚନା।"

– ସଂଯୋଗ ଅନୁବିଧ

ଡକ୍ଟର ଅଜୟ କୁମାର ମିଶ୍ରଙ୍କ ମତରେ-

"ସମ୍ବାଦପତ୍ରରେ ସମ୍ବାଦ ସହିତ କେତେକ ସାମାଜିକ ଓ ସାଂସ୍କୃତିକ ତଥ୍ୟ ସୁନ୍ଦର ଶୈଳୀରେ ପ୍ରକାଶ ପାଇଥାଏ। ଏ ଧରଣର ବିଶେଷ ଆଲେଖ୍ୟକୁ ସ୍ତମ୍ଭ କୁହାଯାଏ।"

– ଯୋଗାଯୋଗର ଭାଷା

ସ୍ତମ୍ଭ ରଚନାର ଶ୍ରେଣୀ ବିଭାଗ:

ମୁଦ୍ରିତ ଗଣମାଧମରେ ଏଇ ଲକ୍ଷଣୀୟ 'ସ୍ତମ୍ଭ' ହେଉଛି ସଂପାଦକୀୟ। ସଂପାଦକୀୟ ଭିନ୍ନ ବହୁବିଧ ସ୍ତମ୍ଭ ରହିଛି।

(୧) ସାମାଜିକ ଚେତନା ଆଧାରିତ ସ୍ତମ୍ଭ ।

(୨) ସାଂସ୍କୃତିକ ଚେତନାଧର୍ମୀ ସ୍ତମ୍ଭ ।

(୩) ସାହିତ୍ୟ ଆଲୋଚନାଧର୍ମୀ ସ୍ତମ୍ଭ ।

(୪) ମାନକ ସ୍ତମ୍ଭ ।

(୫) ମିଶ୍ର ସ୍ତମ୍ଭ ।

(୬) ପ୍ରବନ୍ଧ ସ୍ତମ୍ଭ ।

(୭) ସ୍ୱାସ୍ଥ୍ୟ ବିଷୟକ ସ୍ତମ୍ଭ ।

(୮) ମନୋରଞ୍ଜନଧର୍ମୀ ସ୍ତମ୍ଭ ।

(୯) ନାରୀକୈନ୍ଦ୍ରିକ ସ୍ତମ୍ଭ ।

(୧୦) ନିୟମିତ ସ୍ତମ୍ଭ ।

(୧୧) କ୍ରୀଡ଼ା ସ୍ତମ୍ଭ ।

(୧୨) ସ୍ୱତନ୍ତ୍ର ସ୍ତମ୍ଭ ।

(୧୩) ଚର୍ଚ୍ଚା-ବିତର୍କ-ଆଲୋଚନାଧର୍ମୀ ସ୍ତମ୍ଭ ।

(୧୪) ଆଧ୍ୟାମ୍ନିକ ସ୍ତମ୍ଭ ଇତ୍ୟାଦି ।

(୧) ସାମାଜିକ ଚେତନା ଆଧାରିତ ସ୍ତମ୍ଭ:

ଏହି ସ୍ତମ୍ଭ ଚତୁର୍ବିଧ ।

(କ) ସାମାଜିକ ପୃଷ୍ଠଭୂମିମୂଳକ ।

(ଖ) ବୃତ୍ତିଗତ ।

(ଗ) ମାନବିକ ଆବେଦନଭିତ୍ତିକ ।

(ଘ) ସୋସିଆଲ ମିଡିଆ ।

ସାମାଜିକ ପୃଷ୍ଠଭୂମିମୂଳକ ସ୍ତମ୍ଭରେ ସାମାଜିକ ଦାୟିତ୍ୱବୋଧ, ମର୍ଯ୍ୟାଦା, ବ୍ୟକ୍ତି, ବୈଶିଷ୍ଟ୍ୟ, ଉଚ୍ଚାଙ୍ଗ ମୂଲ୍ୟବୋଧ ଆଦି ସାମାଜିକ ପ୍ରସଙ୍ଗ ଚର୍ଚ୍ଚାର ପରିଧିକୁ ଆସେ । ଚନ୍ଦ୍ରଶେଖର ହୋତାଙ୍କ 'ମର୍ଯ୍ୟାଦାର ସନ୍ଧାନ' ଏହି ପ୍ରକାର ଆଲେଖ୍ୟ ।

ବୃତ୍ତିଗତ ସ୍ତମ୍ଭରେ ବୃତ୍ତି ଛୋଟ ହେଉ କିମ୍ବା ବଡ଼ ହେଉ, ବୃତ୍ତିକୁ ସଫଳତା ପ୍ରଦାନ କରିବାର ପ୍ରେରଣା ଥାଏ । ସୁବ୍ରତ ବାଗ୍‌ଚୀଙ୍କ 'ହାତ ଯୋଡ଼ିଲେ ଆଙ୍ଗୁଲାଟିଏ' ଏହି ଶ୍ରେଣୀୟ ।

ମାନବିକ ଆବେଦନଭିତ୍ତିକ ସ୍ତମ୍ଭରେ ସମାଜ ତିଷ୍ଠିବା ନେଇ ପ୍ରଶ୍ନବାଚୀ ଥାଏ । ଯଥା – ଗୌରହରି ଦାସଙ୍କ 'ଜୀବନର ଜଳଛବି' ।

ସୋସିଆଲ ମିଡିଆ ଆମର ଯେତିକି ଉପକାର କରୁଛି, ସେତିକି ଅପକାର ମଧ୍ୟ କରୁଛି। 'ସମ୍ବାଦ' ଖବରକାଗଜର 'ଚର୍ଚ୍ଚା' ସ୍ତମ୍ଭ ଏହାର ଉଦାହରଣ।

(୨) ସାଂସ୍କୃତିକ ସ୍ତମ୍ଭ :

ସାଂସ୍କୃତିକ ସ୍ତମ୍ଭ ଦୁଇ ପ୍ରକାର।
    (କ) ପ୍ରତିକ୍ରିୟାମୂଳକ।
    (ଖ) ପରଂପରା ଓ ଐତିହାସିକ।

ପ୍ରତିକ୍ରିୟାମୂଳକ ସ୍ତମ୍ଭରେ ସାଂସ୍କୃତିକ ଅବକ୍ଷୟ ଜନିତ ଉଦ୍ବେଗର ପ୍ରତିଫଳନ ହୋଇଥାଏ। ପ୍ରଶାନ୍ତ କୁମାର ଜେନାଙ୍କ 'ଭାଇ କଥା ହେବେ ଲାଇନ୍‌ରେ ଅଛନ୍ତି' ଏହି ଶ୍ରେଣୀୟ।

ପରଂପରା ଓ ଐତିହାସିକ ସ୍ତମ୍ଭରେ ସଂସ୍କୃତିର ଅତୀତ ଓ ବର୍ତ୍ତମାନର ସ୍ଥିତି ସଂପର୍କରେ ତୁଳନାମୂଳକ ଅଧ୍ୟୟନ ଦେଖିବାକୁ ମିଳେ। ଅଭୟ ସିଂହଙ୍କ 'ଓଡ଼ିଶା ଆବିଷ୍କାର' ଏହାର ଉତ୍କୃଷ୍ଟ ଉଦାହରଣ।

(୩) ସାହିତ୍ୟ ସମାଲୋଚନାଧର୍ମୀ ସ୍ତମ୍ଭ :

ସାହିତ୍ୟ ସମାଲୋଚନାଧର୍ମୀ ସ୍ତମ୍ଭ ମୁଖ୍ୟତଃ ଦୁଇ ପ୍ରକାର–
    (କ) ସମୀକ୍ଷାମୂଳକ।
    (ଖ) ବିଶ୍ଳେଷଣାମୂଳକ।

ସମୀକ୍ଷାମୂଳକ ସ୍ତମ୍ଭରେ ନୂତନ ଭାବେ ପ୍ରକାଶିତ ପୁସ୍ତକର ସମୀକ୍ଷା ସଂକ୍ଷିପ୍ତରେ କରାଯାଇଥାଏ। ପୁସ୍ତକଟିର ଉତ୍କର୍ଷ ଓ ଅପକର୍ଷ ଦିଗ ସଂପର୍କରେ ଆଲୋଚନାରେ ସ୍ତମ୍ଭ ଲେଖକଙ୍କ ଚିନ୍ତାଶୀଳତା, ତାର୍କିକ ମନ୍ତୁୟତା, ଭାଷାଗତ ପ୍ରବୀଣତା ପ୍ରକାଶ ପାଇଥାଏ।

ବିଶ୍ଳେଷଣାମୂଳକ ସ୍ତମ୍ଭରେ ସାହିତ୍ୟର ବିବିଧ ଦିଗକୁ ଆଲୋଚନାର ପରିସରଭୁକ୍ତ କରାଯାଇ ତାର ଏକ ନିଷ୍କର୍ଷ କାମନା କରାଯାଇଥାଏ। 'ବହିଙ୍କ ଠିକଣା' ସ୍ତମ୍ଭଟି ଏହି ପ୍ରକାର।

(୪) ମାନକ ସ୍ତମ୍ଭ :

ମାନକ ସ୍ତମ୍ଭ ସଂପାଦକୀୟ ପରି ଏକ ପ୍ରମୁଖ ସ୍ତମ୍ଭ। ଏଥିରେ ଏକ ସ୍ୱତନ୍ତ୍ର

ଶୀର୍ଷକ ଥାଏ। ସୁରେନ୍ଦ୍ର ମହାନ୍ତିଙ୍କ 'ଶେଷ ସ୍ତମ୍ଭ' ଏହାର ଉଦାହରଣ। ବହୁ ଶାସ୍ତ୍ରଦର୍ଶିତା, ଭାଷା ଓ ଭାବଗତ ଆବେଗ ନ ଥିଲେ ମାନକ ସ୍ତମ୍ଭ ଲେଖିବା ସମ୍ଭବ ନୁହେଁ।

(୫) ମିଶ୍ର ସ୍ତମ୍ଭ :

ଏଥିରେ ସମାଜ, ବ୍ୟକ୍ତି, ସଂସ୍କୃତି, ସାହିତ୍ୟ ଇତ୍ୟାଦି ଚର୍ଚ୍ଚାର ପରିସରକୁ ଆସିଥାଏ। ସୌମ୍ୟରଞ୍ଜନ ପଟ୍ଟନାୟକଙ୍କ 'ଆମ ଘରର ହାଲଚାଲ' ଏହି ଶ୍ରେଣୀୟ।

(୬) ପ୍ରବନ୍ଧ ସ୍ତମ୍ଭ :

ପ୍ରବନ୍ଧ ସ୍ତମ୍ଭରେ ବୌଦ୍ଧିକ ଆଲୋଚନାର ଅବକାଶ ପ୍ରକାଶ ପାଇଥାଏ। ଚିତ୍ତରଞ୍ଜନ ଦାସଙ୍କ 'ବିଶ୍ୱକୁ ଗବାକ୍ଷ' ଏହି ଶ୍ରେଣୀୟ।

ଆଧ୍ୟାମ୍ରିକ ସ୍ତମ୍ଭରେ ପୁରାଣ, ନୀତିବାଣୀ, ଉପଦେଶ, ପ୍ରକାଶିତ ହୋଇଥିବା ବେଳେ, ନାରୀ ସ୍ତମ୍ଭରେ ନାରୀମାନଙ୍କର ବିବିଧ ସମସ୍ୟା, କୃତିତ୍ୱ ସ୍ଥାନ ପାଇଥାଏ, ସ୍ୱାସ୍ଥ୍ୟ ସ୍ତମ୍ଭରେ ଶରୀର ତତ୍ତ୍ୱ ବିଶେଷଜ୍ଞ ଡାକ୍ତରଙ୍କ ଦ୍ୱାରା ସ୍ୱାସ୍ଥ୍ୟଜନିତ ସମସ୍ୟାର ଆଲୋଚନା ଓ ନିଷ୍କର୍ଷ ପ୍ରକାଶିତ ହୋଇଥାଏ।

ସ୍ତମ୍ଭ ରଚନାର ଲକ୍ଷଣ :

ସ୍ତମ୍ଭ ରଚନା କ୍ଷେତ୍ରରେ ଅନେକ ନିୟମ ନିର୍ଦ୍ଦିଷ୍ଟତା ରହିଛି। ଏହା ବହୁବିଧ ଲକ୍ଷଣଯୁକ୍ତ।

(୧) ସ୍ତମ୍ଭ ରଚନା ଏକ ନିର୍ଦ୍ଦିଷ୍ଟ ପରିସର ମଧ୍ୟରେ ସମାହିତ ହେବ।

(୨) ସ୍ତମ୍ଭ ରଚନା ଉଭୟ ବର୍ତ୍ତମାନ-ଅତୀତ-ଭବିଷ୍ୟତକୁ ନେଇ ବାସ୍ତବ, ଇତିହାସ ଓ କଳ୍ପନା ଆଧାରରେ ପ୍ରକାଶିତ ହୋଇଥାଏ।

(୩) ସ୍ତମ୍ଭ ନିୟମିତ ବ୍ୟବଧାନରେ ପ୍ରକାଶିତ ହେଉଥିବ।

(୪) ଏହା ଲଳିତ ଶୈଳୀଯୁକ୍ତ ହୋଇଥିବ।

(୫) ନାଟକୀୟ ଆରମ୍ଭ ସ୍ତମ୍ଭକୁ ଗ୍ରହଣୀୟ କରିଥାଏ।

(୬) ସ୍ୱତନ୍ତ୍ର ଜନ ବିଶ୍ୱାସନୀୟ ପ୍ରସଙ୍ଗକୁ ସ୍ୱତନ୍ତ୍ର ଦୃଷ୍ଟିଭଙ୍ଗୀ ଦେଇ ରଚିତ ହୋଇଥିବ।

(୭) ସ୍ତମ୍ଭର ଆକାର ଯଥାସମ୍ଭବ କ୍ଷୁଦ୍ର ଓ ଅତିବେଶୀରେ ୧୦୦୦ ରୁ ୧୫୦୦ ଶବ୍ଦ ମଧ୍ୟରେ ହେବ।

(୮) ପାଠକଙ୍କ ଉପରେ ନ କାରାମ୍ରିକ ପ୍ରଭାବ ପକାଉଥିବା ସ୍ତମ୍ଭ ରଚିତ ହେବ ନାହିଁ।

(୯)	ସମକାଳିକତା ବିଚାରରେ ଯୋଗ୍ୟତା ଅର୍ଜନ କରୁଥିବ ।

(୧୦)	ଆବେଗପ୍ରଦ ହେବା ଉଚିତ ।

(୧୧)	ଚିନ୍ତାନାୟକ, ରାଜନୀତିଜ୍ଞ, ସାହିତ୍ୟିକ, ଦାର୍ଶନିକ, ଜନନାୟକ, ସମାଜସେବୀ, ଧର୍ମଗୁରୁ, ରାଷ୍ଟ୍ରନୀତିଜ୍ଞ ଭଳି ବିଶିଷ୍ଟ ବ୍ୟକ୍ତିମାନେ ସ୍ମୃତି ରଚନା କରିଥିବା ଆବଶ୍ୟକ ।

(୧୨)	କାହାଣୀଧର୍ମୀ ସ୍ମୃତି ଓ ସ୍ୱତନ୍ତ୍ର ସ୍ମୃତି ରଚନାକାଳରେ ରଚୟିତା ଅଧିକ ଯତ୍ନଶୀଳ ହେବା ଉଚିତ ।

ଗଣ ଯୋଗାଯୋଗ କ୍ଷେତ୍ରରେ ସ୍ମୃତି ପ୍ରକାଶନ ଆଜି ଖୁବ୍ ପ୍ରଭାବଶୀଳ ହୋଇଛି । ପାଠକୀୟ ପଠନ ପିପାସାକୁ ତୃପ୍ତି ପ୍ରଦାନ କରିଛି ।

ମୁଦ୍ରିତ ଗଣମାଧମ : ଫିଚର

"A feature is a longer piece of writing than a news story will often cover an issue in greater depth than a news story would do."

ଫିଚର (feature) ହେଉଛି ଏକ ଇଂରାଜୀ ଶବ୍ଦ, ଲାଟିନ୍ factura ଶବ୍ଦରୁ ଏହାର ଉପ୍ପତ୍ତି। ଓଡ଼ିଆରେ ଫିଚର ଶବ୍ଦର ଅର୍ଥାନ୍ତର କରି କେହି ଏହାକୁ 'ଆଭାସ ଗଳ୍ପ', ଅନ୍ୟ କେହି 'ବୃତ୍ତ ଚିତ୍ର' ନାମରେ ନାମିତ କରିଛନ୍ତି। ସଂପ୍ରତି ଏହାକୁ ଆକୃତି ସମ୍ବାଦ ବା ରୂପକ ରଚନା ଭାବରେ ଗ୍ରହଣ କରାଯାଉଛି।

ରୂପକର ବ୍ୟୁତ୍ପତ୍ତିଗତ ଅର୍ଥ ହେଉଛି, ରୂପ-ଶିଚ୍+ଅକ। ଯାହା ତତ୍ତ୍ୱକୁ ଆକାରଯୁକ୍ତ ବ୍ୟାଖ୍ୟାନ ବିଶେଷତ୍ୱରେ ପରିମଣ୍ଡିତ କରିଥାଏ।

ଫିଚରରେ ସମ୍ବାଦ ଥାଏ। ମାତ୍ର ଏହାର ମୁଖ୍ୟ କାର୍ଯ୍ୟ ହେଉଛି ପାଠକୁ ସମ୍ବେଦନଶୀଳ କରିବା, ରଙ୍ଗରସ ପରିବେଷଣ କରିବା, ଶିକ୍ଷାଦାନ କରିବା, ପାଠକ ଚିତ୍ତକୁ ଜ୍ଞାନଦୀପ୍ତ କରିବା ସହିତ ଏହା ତା'ର ଚିତ୍ତ ବିନୋଦନ କରିଥାଏ। ଏହା ଅନେକ ସମୟରେ ପୂର୍ବ ପ୍ରକାଶିତ ସମ୍ବାଦକୁ ସ୍ମରଣ କରାଇଦିଏ। ତେଣୁ ଫିଚରର ଧର୍ମ ହେଉଛି-

(୧)   ସମ୍ବାଦ ଗଢ଼ୁଥିବା ଘଟଣାକୁ ବୋଧଗମ୍ୟ କରାଇବା।

(୨)   ଦେଶରେ ବା ବିଶ୍ୱରେ ଘଟିଯାଉଥିବା ଘଟଣାକୁ ବିଶ୍ଳେଷଣ କରିବା।

(୩)   କିଛି ଗୋଟିଏ କରିବା ପାଇଁ ପାଠକୁ ଶିକ୍ଷାଦାନ ଦେବା।

(୪)   ଉନ୍ନତ ଜୀବନ ଧାରଣ ପାଇଁ ପ୍ରସ୍ତାବ ଦେବା।

(୫)   ମାନବର ଜୀବନ ଧାରାକୁ ପରୀକ୍ଷା ଓ ସମୀକ୍ଷା କରିବା।

(୬)   ପାଠକର ଚିତ୍ତ ବିନୋଦନ କରିବା।

ଫିଚର ହେଉଛି ଖବରକାଗଜ, ପତ୍ରିକା ବା ୱେବ୍ ପୃଷ୍ଠାରେ ଏକ ସ୍ଵତନ୍ତ୍ର ରଚନା। ଫିଚର ଏବଂ ସମ୍ଵାଦ କାହାଣୀ ମଧ୍ୟରେ କୌଣସି ସୀମାରେଖ ନ ଥିଲେ ମଧ୍ୟ ଆକୃତି ଓ ପ୍ରକୃତି ଦୃଷ୍ଟରୁ ଏ ଦୁଇଟି ଭିନ୍ନ ଏବଂ ସ୍ଵତନ୍ତ୍ର। ଏହାର ବୈସାଦୃଶ୍ୟକୁ ନିମ୍ନମତେ ଉପସ୍ଥାପିତ କରାଯାଇଛି।

<table>
<tr><td align="center">ସମ୍ବାଦ କାହାଣୀ</td></tr>
<tr><td align="center">ଲିଡ୍

ବିସ୍ତୃତ ପ୍ରସଙ୍ଗ

ଗୁରୁତର ପ୍ରସଙ୍ଗ

କମ୍ ଗୁରୁତର ପ୍ରସଙ୍ଗ</td></tr>
</table>

ଫିଚର କାହାଣୀ (ଶିରୋନାମା)

ଲିଡ୍
କ୍ରମାନ୍ଵୟ ବିସ୍ତୃତି
ଯୁକ୍ତିଯୁକ୍ତ ଧାରା
ବର୍ଣ୍ଣନାମ୍ଳକ ଧାରା

ଫିଚର-ସମ୍ଵାଦ କାହାଣୀ ପରି ଓଲଟା ପିରାମିଡ୍ ନୁହେଁ। ଚାରୋଟି ପର୍ଯ୍ୟାୟ ଦେଇ ଫିଚର ପ୍ରସ୍ତୁତ ହୋଇଥାଏ।

(୧) ଶିରୋନାମା :

ଶିରୋନାମା ଫିଚରର ଗୁରୁତ୍ଵପୂର୍ଣ୍ଣ ଅଂଶ। ଫିଚର ଶିରୋନାମା ଚୟନରେ ସତର୍କତା ଅବଲମ୍ବନ କରାଯାଇଥାଏ। ଯାହା ଆକର୍ଷଣୀୟ ହେବା ଏକାନ୍ତ ଆବଶ୍ୟକ। କୌଣସି ଆବେଦନ କ୍ଷେତ୍ରରେ ବିଷୟର ଉଲ୍ଲେଖ ଯେପରି ସମଗ୍ର ଦରଖାସ୍ତର ସାରକଥା, ଫିଚର ଶିରୋନାମା ସେହିପରି ସମଗ୍ର ଫିଚରର ସାରମର୍ମର ପ୍ରକାଶକ। ଏକ ସୁନ୍ଦର ଶିରୋନାମା ସଫଳ ଫିଚର ପ୍ରସ୍ତୁତିରେ ସହାୟକ ହୁଏ ଏବଂ ପାଠକୀୟ ଆଦୃତି ଭାବରେ ସହାୟକ ହୁଏ।

(୨) ଲିଡ୍ (ପ୍ରସ୍ତାବନା) :

ଲିଡ୍ ହେଉଛି ଏକ ଇଂରାଜୀ ଶବ୍ଦ। ଉତ୍ତମ ଶିରୋନାମା ପାଠକୁ ଫିଚର ଆଡ଼କୁ ଆକର୍ଷିତ କରିଥାଏ। ଲିଡ୍ ପାଠକକୁ ବାନ୍ଧି ରଖିଥାଏ। ଶିରୋନାମାରେ ଏକ ସଂପ୍ରସାରିତ ଅଂଶ ହେଉଛି ଲିଡ୍। ଏହା ମଧ୍ୟ 'ଇଣ୍ଟ୍ରୋ' ନାମରେ ପରିଚିତ। ଲିଡ଼ର ଅନ୍ୟ ନାମ ପ୍ରସ୍ତାବନା। ଫିଚରର ପ୍ରଥମ ପରିଚ୍ଛେଦ ହେଉଛି ଲିଡ୍। ଏହା ଆକର୍ଷଣୀୟ ଓ ପ୍ରଭାବଶୀଳ ହେବା ଉଚିତ।

(କ) କ୍ରମାନ୍ୱୟ ବିସ୍ତୃତି :

ଫିଚର ରଚନା କ୍ଷେତ୍ରରେ କ୍ରମାନ୍ୱୟ ରକ୍ଷା କରା ନ ଗଲେ ଅସଙ୍ଗତି ସୃଷ୍ଟି ହେବ। ତେଣୁ ବିଷୟଗତ କ୍ରମାନ୍ୱୟତାକୁ ଗୁରୁତ୍ୱ ଦିଆଯିବା ଆବଶ୍ୟକ।

(ଖ) ଯୁକ୍ତିଯୁକ୍ତ ଧାରା :

ଏହା ଫିଚରର ସତ୍ୟତାକୁ ଯୁକ୍ତି ଆକାରରେ ଲିଡ଼ର ଭାବନାକୁ ଅଧିକ ଦୃଢ଼ କରେ। ପାଠକର କୌତୂହଳତାକୁ ବାସ୍ତବ ରୂପରେଖ ଦିଏ।

(ଗ) ବର୍ଣ୍ଣନାମୂଳକ ଧାରା ଓ ଉପସଂହାର :

ପରିସମାପ୍ତି ଅତ୍ୟନ୍ତ ଉଚ୍ଚ ଭାବନାର ଶକ୍ତିଶାଳୀ ରୂପାୟଣ ହେବା ଆବଶ୍ୟକ। ଏହା ପ୍ରବନ୍ଧ ଭଳି ସାରାଂଶ ଭିତ୍ତିକ ନ ହୋଇ ଚାଭାକର୍ଷକ, ଆକସ୍ମିକ ଓ ସମୁନ୍ନତ ହେବା ଉଚିତ।

ଫିଚରର ବିବିଧ ବିଭାଗୀକରଣ ରହିଛି—

(୧) News Feature (ସମ୍ବାଦଧର୍ମୀ ଫିଚର)

(୨) Informative Feature (ତଥ୍ୟନିଷ୍ଠ ବା ଶିକ୍ଷାପ୍ରଦ ଫିଚର)

(୩) Personality Sketches Feature (ବ୍ୟକ୍ତିଗତ ଜୀବନଚିତ୍ରମୂଳକ ଫିଚର)

(୪) Personal Experience Feature (ବ୍ୟକ୍ତିଗତ ଅନୁଭୂତିମୂଳକ ଫିଚର)

(୫) Human Interest Feature (ମାନବୀୟ ସ୍ୱାର୍ଥସିଦ୍ଧମୂଳକ ଫିଚର)

(୬) Historical Feature (ଐତିହାସିକ ଫିଚର)

(୭) Interpretative Feature (ବ୍ୟାଖ୍ୟାମୂଳକ ଫିଚର)

(୮) Popularised Scientific Feature (ଜନପ୍ରିୟ ଯୁକ୍ତିସିଦ୍ଧ ଫିଚର)

(୧)News Feature (ସମ୍ବାଦଧର୍ମୀ ଫିଚର):

ସମ୍ବାଦଧର୍ମୀ ଫିଚର ସଂକ୍ଷିପ୍ତ ଏବଂ କୌତୂହଳପ୍ରଦ। ଏହା ସମଗ୍ର ଉସ୍ଥାହକୁ ଗୁରୁତ୍ୱପ୍ରଦାନ କରି ନିତ୍ୟାନ୍ତ ବାସ୍ତବ ଏବଂ ଏକାନ୍ତ ଅପ୍ରିୟ।

(୨)Informative Feature (ତଥ୍ୟନିଷ୍ଠ ବା ଶିକ୍ଷାପ୍ରଦ ଫିଚର)

ଫିଚର ମନୋରଞ୍ଜନ ଅପେକ୍ଷା ଅଧିକ ଗବେଷଣା ଲବ୍ଧଜ୍ଞାନ, ଅନୁଭୂତିକୁ ଗୁରୁତ୍ୱ ପ୍ରଦାନ କରିଥାଏ। ସତ୍ୟଯୁକ୍ତ ତଥ୍ୟ ଉପସ୍ଥାପନା, ଶୈଳୀ ଓ ସଂରଚନାରେ ଗ୍ରହଣୀୟତାକୁ ଗୁରୁତ୍ୱ ଦିଏ।

(୩)Personality Sketches Feature (ବ୍ୟକ୍ତିଗତ ଜୀବନଚିତ୍ରମୂଳକ ଫିଚର)

ଜଣେ ବ୍ୟକ୍ତିଚରିତ୍ରର ଉତ୍ତମ ଓ ମହତ୍ତର ଦିଗ ସଂପର୍କରେ ଜିଜ୍ଞାସା ସୃଷ୍ଟି କରେ। ଏହାର ଚରିତ୍ର ସାମାଜିକ ଗୁରୁତ୍ୱ ବହନ କରୁଥିବ ଏବଂ ମୃତ୍ୟୁପରେ ଐତିହାସିକ ବ୍ୟକ୍ତିତ୍ୱରେ ପରିଣତ ହୋଇଥିବ। ଏହି ପ୍ରକାର ରଚନା କରି ଆଦୃତି ସୃଷ୍ଟି କରିବା କ୍ଷେତ୍ର ବହୁ ଜଟିଳ।

(୪)Personal Experience Feature (ବ୍ୟକ୍ତିଗତ ଅନୁଭୂତିମୂଳକ ଫିଚର)

ଏହି ଫିଚର ବ୍ୟକ୍ତିଗତ ଅନୁଭୂତିର ମନ୍ନୟ ପ୍ରକାଶ ହୋଇଥିବା ବେଳେ ତୁଳନାମ୍ୱକ ଅଧ୍ୟୟନକୁ ପ୍ରାଥମିକତା ପ୍ରଦାନ କରିଥାଏ। ଫିଚର ରଚୟିତା ନିଜର ଅନୁଭୂତିକୁ ବ୍ୟାଖ୍ୟାଣିବା ବେଳେ କଳ୍ପନାକୁ ପରିହାର କରିବା ଉଚିତ।

(୫)Human Interest Feature (ମାନବୀୟ ସ୍ୱାର୍ଥସିଦ୍ଧମୂଳକ ଫିଚର)

ଏହା ଉଭୟ ଚିତ୍ତବିନୋଦନ ଓ କରୁଣ ରସାଶ୍ରିତ। ଫିଚର ରଚୟିତା ମନେରଖିବା ଉଚିତ ହାସ୍ୟ ଓ କରୁଣ୍ୟ ଏହାର ପ୍ରକାଶ ମାଧମ ହେଲେ ମଧ୍ୟ ବାସ୍ତବତା ଠାରୁ ଦୂରେଇ ଯିବା ଅନୁଚିତ।

(୬)Historical Feature (ଐତିହାସିକ ଫିଚର)

ଅତୀତର ଗୌରବବାବହ କିମ୍ୱା ନୈରାଶ୍ୟପୂର୍ଣ୍ଣ ଘଟଣା ଓ ଚାରିତ୍ରିକ ବୈଶିଷ୍ଟ୍ୟକୁ ଆଧାର କରି ଏହି ଫିଚର ରଚିତ ହୋଇଥାଏ। ଯୋହାଦ୍ୱାରା ପାଠକ ଦୃଷ୍ଟିରେ ଅତୀତ-ବର୍ତ୍ତମାନ ହୋଇ ଉଭାହୁଏ।

(୭) Interpretative Feature (ବ୍ୟାଖ୍ୟାମୂଳକ ଫିଚର)

ସାମାଜିକ, ଆର୍ଥନୀତିକ, ରାଜନୀତିକ, ପ୍ରାତ୍ୟହିକ ସମସ୍ୟାକୁ ଆଧାର କରି ଏହା ରଚିତ ହୋଇଥାଏ । ଜୀବନର ତଥା ସମାଜର ବାସ୍ତବ ସମସ୍ୟାକୁ ଏହା ବ୍ୟାଖ୍ୟା କରିଥାଏ ।

(୮) Popularised Scientific Feature (ଜନପ୍ରିୟ ଯୁକ୍ତିସିଦ୍ଧ ଫିଚର)

ସମାଜରେ ପ୍ରଚଳିତ ନୀତି, ଆଦର୍ଶ ଓ ଲୋକଶ୍ରୁତିର ଏହା ଯୁକ୍ତିମୂଳକ ଉପସ୍ଥାପନା । ନୀତି ପ୍ରଚଳିତ ଗୁରୁତ୍ୱହୀନ ଅଭିବ୍ୟକ୍ତି ମଧ୍ୟରେ ଉପଯୋଗୀତା ସାବ୍ୟସ୍ତ କରିବା ଏହାର ଧର୍ମ ।

ଫିଚର ସଂରଚନା କାଳରେ କେତେକ ନିୟମବଦ୍ଧ କୌଶଳ ଅବଲମ୍ବନ କରାଯାଇଥାଏ–

(୧) ତତ୍‌କାଳିକ ଗୁରୁତ୍ୱ ଓ ପ୍ରାସଙ୍ଗିକତାକୁ ପ୍ରାଧାନ୍ୟ ଦେଇ ଫିଚର ରଚିତ ହେବା ଉଚିତ ।

(୨) ନୂତନ ତଥ୍ୟ ପ୍ରଦାନ ଫିଚରର ଉଦ୍ଦେଶ୍ୟ ହେବା ଆବଶ୍ୟକ ।

(୩) ଘଟଣାର ସଠିକତା ଓ ଭ୍ରମଶୂନ୍ୟତା ସଂପର୍କରେ ସଚେତନ ରହିବା ଦରକାର ।

(୪) ପାଠକଙ୍କ ଆଶା ଓ ଆଶଙ୍କାକୁ ଧ୍ୟାନ ଦେଇ ଫିଚର ରଚିତ ହେବ ।

(୫) ଫିଚର ଅତୀତ ଓ ବର୍ତ୍ତମାନ ମଧ୍ୟରେ ଆବଶ୍ୟକ ତୁଳନାର ଅପେକ୍ଷାରଖେ ।

(୬) ଫିଚର ଜ୍ଞାନବର୍ଦ୍ଧକ, ଶିକ୍ଷାପ୍ରଦାନଧର୍ମୀ, ପରାମର୍ଶସୂଚକ ଓ ଦୈନନ୍ଦିନ ଜୀବନର ଉପଲକ୍ଷ୍ୟକାରକ ହେବା ଉଚିତ ।

(୭) ଫିଚରର ବିଷୟ ନିର୍ଦ୍ଦିଷ୍ଟ ଓ ନିର୍ଣ୍ଣିତ ହେବା ସଙ୍ଗେ ସଙ୍ଗେ ଅବିକଳ ପ୍ରସଙ୍ଗକୁ ଆଧାର କରିବା ଉଚିତ ।

(୮) ଯେକୌଣସି ସ୍ତରରୁ ତଥ୍ୟ ସଂଗ୍ରହ କଲେ ମଧ୍ୟ ଫିଚରରେ ସଦ୍ୟତମ ଅବସ୍ଥାକୁ ରୂପ ଦେବା ଆବଶ୍ୟକ ।

(୯) ଫିଚର ସାମୂହିକ ଓ ମାନବୀୟ ଆବେଦନମୂଳକ ହେବା ଉଚିତ ।

(୧୦) ଫିଚରକୁ କର୍ତ୍ତୃବାଚ୍ୟରେ ରଚନା କରାଯିବା ସହିତ ତୃତୀୟ ପୁରୁଷରେ ଲେଖାଯିବା ଅଧିକ ଉପଯୋଗୀ ।

(୧୧) ଘସରା ଶବ୍ଦ ଓ ଭାବପ୍ରବଣ ବିବୃତି ଦେବା ଉଚିତ ନୁହେଁ ।

(୧୨) ଭାଷା ସରଳ ଓ ଭାଷାର ଶବ୍ଦ ବ୍ୟାବହାରିକ ଧାରଣା, ଅର୍ଥ ଓ ଜ୍ଞାନ ସହଜରେ ବୋଧଗମ୍ୟ ହେବା ଉଚିତ ।

(୧୩)   ଫିଚର ରଚନା ୫୦୦ ରୁ ୨୫୦୦ ଶବ୍ଦ ମଧ୍ୟରେ ହେବା ଆବଶ୍ୟକ ।

(୧୪)   ୱେବ୍‌ସାଇଡ୍‌ ପାଇଁ ୨୫୦ ରୁ ୨୫୦୦ ଶବ୍ଦ ମଧ୍ୟରେ ହେବା ଜରୁରୀ ।

(୧୫)   ଦୀର୍ଘ ଅନୁଚ୍ଛେଦ ଏବଂ ଅଧିକ ଅନୁଚ୍ଛେଦ ପରିହାର କରାଯିବା ଉଚିତ ।

ଫିଚର ଏକ ମୌଳିକ ରଚନା । ଏହାର ଲିଖନ ପ୍ରକ୍ରିୟା ବ୍ୟକ୍ତିନିଷ୍ଠ । ଉତ୍ତମରୂପକ ଶିକ୍ଷା, ପରାମର୍ଶ ଓ ଐତିହ୍ୟ ଜ୍ଞାନ ସହିତ ସଦ୍ୟତମ ଜ୍ଞାନକୁ ବିତରଣ କରିଥାଏ । ଏହାର ବିଷୟ ବିନ୍ୟାସରେ ସମ୍ବାଦ-କାହାଣୀ-ରୂପାମ୍ନକ ଦୃଷ୍ଟାନ୍ତ-କାବ୍ୟିକ ଆବେଗ-ଗଦ୍ୟାତ୍ମକ ତର୍କଣା ମିଶି ଏକ ଆଦର୍ଶ ରସବୃତ୍ତ ପରିନିର୍ମାଣ କରିଥାଏ ।

ସାହିତ୍ୟ ସମାଲୋଚନା : ସ୍ୱରୂପ ଓ ବୈଶିଷ୍ଟ୍ୟ

'ସମାଲୋଚନା' ଏକ ସାରସ୍ୱତ କଳା। ସାହିତ୍ୟର ଉତ୍କର୍ଷ ଓ ଅପକର୍ଷ ଦିଗକୁ ବିଚାର କରି ଏହାର ମୂଲ୍ୟ ନିର୍ଦ୍ଧାରଣ କରେ। 'ସମ୍' ଓ 'ଆ' ଉପସର୍ଗ ସହିତ 'ଲୋଚ୍' ଧାତୁରେ 'ଅନ୍' ପ୍ରତ୍ୟୟ ଯୋଗ ହୋଇ ସ୍ତ୍ରୀଲିଙ୍ଗରେ 'ସମାଲୋଚନା' ଶବ୍ଦଟି ନିଷ୍ପନ୍ନ ହୋଇଛି। ଏହାର ଅର୍ଥ ସମ୍ୟକ୍ ଓ ସର୍ବଦା ଦୃଷ୍ଟିପାତ।

'ପୂର୍ଣ୍ଣଚନ୍ଦ୍ର ଓଡ଼ିଆ ଭାଷାକୋଷ'ରେ ଏହାର ଅର୍ଥ- "କୌଣସି ବସ୍ତୁର, ବ୍ୟକ୍ତିର ବା ରଚନାର ଦୋଷାଗୁଣାବଳୀର ସମ୍ୟକ୍ ଆଲୋଚନା।"

ଓଡ଼ିଆ 'ସମାଲୋଚନା' ଶବ୍ଦର ଇଂରାଜୀ ପ୍ରତିଶବ୍ଦ Criticism। ମୂଳ ଗ୍ରୀକ୍ ଶବ୍ଦ Kritikos ରୁ ଏହାର ଉତ୍ପନ୍ନ। Kritikosର ଅର୍ଥ Judgement। ଯାହାର ଓଡ଼ିଆ ଅର୍ଥ ନିଷ୍ପତ୍ତି, ସିଦ୍ଧାନ୍ତ, ବିଚାର ବା ରାୟ।

Mark Twain ସମାଲୋଚନା ସଂପର୍କରେ କହିଛନ୍ତି- "If you have no will to change it, you have no right to criticize it "

Dridenଙ୍କ ମତରେ- "Criticism, as it was first institutes by Aristotle, was meant a standard of judging well."

ପ୍ରାଚ୍ୟ ସମାଲୋଚନା ସାହିତ୍ୟର କ୍ରମବିକାଶ:

'ସମାଲୋଚନା' ସାହିତ୍ୟ କ୍ଷେତ୍ରରେ ପ୍ରାଚ୍ୟ ଦୃଷ୍ଟି ଖୁବ୍ ବ୍ୟାପକ। ଲକ୍ଷଣ ଅନୁସାରେ ସଂସ୍କୃତ ସାହିତ୍ୟ ଦୁଇ ଭାଗରେ ବିଭକ୍ତ।
(୧) ବେଦ, ପୁରାଣ, କାବ୍ୟ, ନାଟକ ପ୍ରଭୃତି ସ୍ୱଜନଶୀଳ ସାହିତ୍ୟ।
(୨) କାବ୍ୟବିଚାର, କାବ୍ୟତତ୍ତ୍ୱ, କାବ୍ୟ ରଚନା ପଦ୍ଧତି।

ସଂସ୍କୃତ ଆଚାର୍ଯ୍ୟଗଣ ବିବିଧ 'ସମାଲୋଚନା' ପଦ୍ଧତିର ପ୍ରବର୍ତ୍ତନ କରିଥିଲେ ମଧ୍ୟ 'ରସ' ଓ 'ଧ୍ୱନି' ସିଦ୍ଧାନ୍ତକୁ ସର୍ବାଧିକ ଗୁରୁତ୍ୱ ଦେଇଛନ୍ତି। ତୃତୀୟ ଶତାବ୍ଦୀର ବିଶିଷ୍ଟ ସାହିତ୍ୟିକ ବାସ୍ୟାୟନ ତାଙ୍କର 'କାମସୂତ୍ର'ରେ ୬୪ କଳାର ଆଲୋଚନା

କରିଥିଲେ। ତନ୍ମଧରୁ 'କ୍ରିୟାକଳ୍ପ' ଅନ୍ୟତମ। ଏଥିରେ ସାହିତ୍ୟ ରଚନାର ନୀତିନିୟମ ସଂପର୍କରେ ଆଲୋଚନା କରାଯାଇଛି। କିନ୍ତୁ ବାସ୍ଵାୟନଙ୍କ ପୂର୍ବରୁ ଖ୍ରୀ.ପୂ. ଦ୍ଵିତୀୟ ଶତାବ୍ଦୀରେ ଭରତ ମୁନି ନାଟକର ମହତ୍ତ୍ୱ ପ୍ରସ୍ଥାପନ ନିମନ୍ତେ 'ନାଟ୍ୟଶାସ୍ତ୍ର' ରଚନା କରିଥିଲେ। ତାଙ୍କ ଦୃଷ୍ଟିରେ ନାଟକ ହେଉଛି ପଞ୍ଚମ ବେଦ। ସେ ନାଟ୍ୟାଭିନୟ ସଂପର୍କିତ ବିଭିନ୍ନ କଳା ଓ ରସର ଉପସ୍ଥିତି ତଥା ଦଶ ଗୁଣ ଓ ଦଶ ଦୋଷର ଆଲୋଚନା କରିଛନ୍ତି। ସେ ରସ ଉପରେ ବିସ୍ତୃତ ଆଲୋଚନା କରିଛନ୍ତି।

"ନହି ରସାଦୃତେ କର୍ଷ୍ଣିଦର୍ଥଃ ପ୍ରବର୍ତ୍ତତେ।" ଅର୍ଥାତ୍ ବୀଜରୁ ବୃକ୍ଷ, ବୃକ୍ଷରୁ ଫୁଲ, ଫୁଲରୁ ଫଳ ଉତ୍ପତ୍ତି ହେଲା ପରି ଅନୁରୂପ ଭାବରେ ମୂଳ ରସରୁ ସକଳ ଭାବ ଉତ୍ପନ୍ନ।

ଭାମହ– ସପ୍ତମ ଶତାବ୍ଦୀ

ଗ୍ରନ୍ଥ– କାବ୍ୟାଳଙ୍କାର

ଭରତଙ୍କ 'ନାଟ୍ୟଶାସ୍ତ୍ର' ପରେ ଭାମହ ଅଳଙ୍କାର ସଂପ୍ରଦାୟର ଆଦିପ୍ରବର୍ତ୍ତା। ତାଙ୍କ ଭାଷାରେ "ଶବ୍ଦାର୍ଥୋ ସହିତୋ କାବ୍ୟଂ।"

ଆଚାର୍ଯ୍ୟ ଦଣ୍ଡୀ– ସପ୍ତମ ଶତାବ୍ଦୀ

ଗ୍ରନ୍ଥ– କାବ୍ୟାଦର୍ଶ (୬୬୦ ଶ୍ଳୋକ ବିଶିଷ୍ଟ)

ଆଚାର୍ଯ୍ୟ ଦଣ୍ଡୀ ରୀତିକୁ ମାର୍ଗ ଭାବରେ ଗ୍ରହଣ କରି, ବୈଦର୍ଭୀ ରୀତି ଓ ଗୌଡୀରୀତି ଭେଦରେ ବିଭକ୍ତ କରିଛନ୍ତି। ସେ ମଧ୍ୟ ଅଳଙ୍କାରର ସପକ୍ଷବାଦୀ ଥିଲେ। ତାଙ୍କ ମତରେ– 'କାବ୍ୟ ଶୋଭାକାରାନ୍ ଧର୍ମାନ୍ ଅଳଙ୍କାରନ୍ ପ୍ରଚକ୍ଷତେ।"– କାବ୍ୟାଦର୍ଶ

ଉଦ୍ଭଟ– ଅଷ୍ଟମ ଶତାବ୍ଦୀ

ଗନ୍ଥ– କାବ୍ୟାଳଙ୍କାର ସାରସଂଗ୍ରହ

ଉଦ୍ଭଟ ଅଳଙ୍କାରବାଦର ପ୍ରବର୍ତ୍ତା।

ବାମନାଚାର୍ଯ୍ୟ– ଅଷ୍ଟମ ଶତାବ୍ଦୀ

ଗ୍ରନ୍ଥ– କାବ୍ୟାଳଙ୍କାର ସୂତ୍ର।

ବାମନ କହିଛନ୍ତି– "କାବ୍ୟଂ ଗ୍ରାହ୍ୟମଳଙ୍କାରାତ୍, ସୌନ୍ଦର୍ଯ୍ୟମଳଙ୍କାରଃ" ଅର୍ଥାତ୍ ସୌନ୍ଦର୍ଯ୍ୟ ହିଁ ଅଳଙ୍କାର। ସେ ମଧ୍ୟ ଉଲ୍ଲେଖ କରିଛନ୍ତି "ରୀତିରାତ୍ମା କାବ୍ୟସ୍ୟ" ଅର୍ଥାତ୍ ସେ ଅଳଙ୍କାର ଠାରୁ ଗୁଣର ମହତ୍ତ୍ୱ ପ୍ରତିପାଦନ କରିଛନ୍ତି। ସେ ପ୍ରଥମ କରି ଅଳଙ୍କାରକୁ ସୌନ୍ଦର୍ଯ୍ୟର ଆଧାର ରୂପେ ଗ୍ରହଣ କଲେ।

ଆଚାର୍ଯ୍ୟ ରୁଦ୍ରଟ– ନବମ ଶତାଦ୍ଵୀ

    ଗ୍ରନ୍ଥ– କାବ୍ୟାଳଙ୍କାର (୧୬ ଅଧ୍ୟାୟ ବିଶିଷ୍ଟ)

    ରୁଦ୍ରଟ 'ସ୍ଵଭାବୋକ୍ତି ଓ ଅତିଶୟୋକ୍ତି' ଭଳି ନୂତନ ଅଳଂକାରକୁ
କାବ୍ୟଶାସ୍ତ୍ରରେ ଗ୍ରହଣ କରିଛନ୍ତି ।

ଆନନ୍ଦବର୍ଦ୍ଧନ– ନବମ ଶତାଦ୍ଵୀ

    ଗ୍ରନ୍ଥ– ଧ୍ଵନ୍ୟାଲୋକ (୪ ଅଧ୍ୟାୟ ବିଶିଷ୍ଟ)

    ଆନନ୍ଦ ବର୍ଦ୍ଧନଙ୍କ ମତ– "କାବ୍ୟସ୍ୟ ଆତ୍ମା ଧ୍ଵନିଃ" ଅର୍ଥାତ୍ ସେ ଧ୍ଵନିକୁ
କାବ୍ୟର ଆତ୍ମା ଭାବରେ ଗ୍ରହଣ କରିଛନ୍ତି ।

ଅଭିନବଗୁପ୍ତ – ନବମ ଶତାଦ୍ଵୀ

    ଗ୍ରନ୍ଥ– 'ଅଭିନବ ଭାରତୀ', 'ଧ୍ଵନ୍ୟାଲୋକଲୋଚନ'

    ପ୍ରଥମଟି ନାଟ୍ୟଶାସ୍ତ୍ର ଓ ଦ୍ଵିତୀୟଟି ଆନନ୍ଦବର୍ଦ୍ଧନଙ୍କ ଧ୍ଵନ୍ୟାଲୋକର ଚମତ୍କାର

ଟୀକା ।

ରାଜଶେଖର – ଦଶମ ଶତାଦ୍ଵୀ

    ଗ୍ରନ୍ଥ– କାବ୍ୟ ମୀମାଂସା

ଧନଞ୍ଜନୟ – ଦଶମ ଶତାଦ୍ଵୀ

    ଗ୍ରନ୍ଥ – ଦଶ ରୂପକ

ଆଚାର୍ଯ୍ୟ କୁନ୍ତକ – ଦଶମ ଶତାଦ୍ଵୀ

    ଗ୍ରନ୍ଥ –ବକ୍ରୋକ୍ତି ଜୀବିତ

    କୁନ୍ତକଙ୍କ ମତରେ "ବକ୍ରୋକ୍ତି କାବ୍ୟ ଜୀବିତମ୍"

ଭୋଜରାଜ – ଏକାଦଶ ଶତାଦ୍ଵୀ

    ଗ୍ରନ୍ଥ – 'ସରସ୍ଵତୀ କଣ୍ଠାଭରଣ', 'ଶୃଙ୍ଗାର ପ୍ରକାଶ'

    ଆଚାର୍ଯ୍ୟଙ୍କ ମତରେ – "ଶୃଙ୍ଗାରମେବ ରସନାଦ୍ ସମାମନନ୍ତି ।"

    ଅର୍ଥାତ୍ ସେ କାବ୍ୟଶାସ୍ତ୍ରରେ ଶୃଙ୍ଗାରକୁ ପ୍ରାଧାନ୍ୟ ଦେଇଛନ୍ତି ।

ମମ୍ମଟଭଟ୍ଟ – ଏକାଦଶ ଶତାଦ୍ଦୀ

ଗ୍ରନ୍ଥ – କାବ୍ୟ ପ୍ରକାଶ (ଦଶ ଗୋଟି ଉଲ୍ଲାସରେ ବିଭକ୍ତ)

ସେ ଉଦ୍ଭଟ, ଭାମହ, ରୁଦ୍ରଟ, ବାମନ, ଅଭିନବଗୁପ୍ତଙ୍କ ମତର ସମୀକ୍ଷା କରିଛନ୍ତି।

କ୍ଷେମେନ୍ଦ୍ର – ଏକାଦଶ ଶତାଦ୍ଦୀ

ଗ୍ରନ୍ଥ – ଔଚିତ୍ୟ ବିଚାର ଚର୍ଚ୍ଚା

କ୍ଷେମେନ୍ଦ୍ର ମତ ପ୍ରଦାନ କରିଛନ୍ତି – "ଔଚିତ୍ୟ ରସ ସିଦ୍ଧସ୍ୟ ସ୍ଥିରଂ କାବ୍ୟସ୍ୟ ଜୀବିତଂ।" ଅର୍ଥାତ୍ କାବ୍ୟରେ ଔଚିତ୍ୟକୁ ସେ ପ୍ରାଧାନ୍ୟ ଦେଇଛନ୍ତି।

ବିଦ୍ୟାଧର – ଦ୍ୱାଦଶ ଶତାଦ୍ଦୀ

ଗ୍ରନ୍ଥ – ଏକାବଳୀ

ବିଶ୍ୱନାଥ କବିରାଜ – ପଞ୍ଚଦଶ ଶତାଦ୍ଦୀ

ଗ୍ରନ୍ଥ – ସାହିତ୍ୟ ଦର୍ପଣ

ବିଶ୍ୱନାଥ 'ସାହିତ୍ୟ ଦର୍ପଣ'ରେ ଦର୍ଶାଇଛନ୍ତି – "ବାକ୍ୟଂ ରସାତ୍ମକଂ କାବ୍ୟଂ।" ଅର୍ଥାତ୍ ସେ କାବ୍ୟରେ ଚମତ୍କାରିତା ପ୍ରତିପାଦନ ପାଇଁ ରସକୁ ଆତ୍ମା ଭାବରେ ଗ୍ରହଣ କରିଛନ୍ତି।

ଜଗନ୍ନାଥ – ପଞ୍ଚଦଶ ଶତାଦ୍ଦୀ

ଗ୍ରନ୍ଥ – ରସଗଙ୍ଗାଧର

ଆଚାର୍ଯ୍ୟଙ୍କ ମତରେ– "ରମଣୀୟାର୍ଥ ପ୍ରତିପାଦକ ଶବ୍ଦଃ କାବ୍ୟଂ।"

ପାଶ୍ଚାତ୍ୟ ସମାଲୋଚନା ସାହିତ୍ୟର କ୍ରମବିକାଶ:

ପାଶ୍ଚାତ୍ୟ ଜଗତର ପ୍ରଥମ କାବ୍ୟ ସ୍ରଷ୍ଟା ଗ୍ରୀସ୍ର Homer (450BC) ଏବଂ ପାଶ୍ଚାତ୍ୟ ସାହିତ୍ୟର Comedy ର ଜନକ Aristophanes ଙ୍କ କୃତିରେ ସାହିତ୍ୟ ତତ୍ତ୍ୱର ଧାରାବାହିକ ଆଲୋଚନା ଦେଖିବାକୁ ମିଳେ। ଅର୍ଥାତ୍ ଖ୍ରୀ.ପୂ. ୫ମ ଶତାଦ୍ଦୀକୁ ଏହାର ଉଦ୍ଭବ କାଳ ବୋଲି ସମାଲୋଚକଗଣ ମତ ପ୍ରଦାନ କରିଥାଆନ୍ତି।

ପ୍ଲାଟୋ (Plato) – ଖ୍ରୀ.ପୂ. ୪୨୯ (ଗ୍ରୀସ୍)

ଗ୍ରନ୍ଥ – The Republic, Ion

ପ୍ଲାଟୋ ହେଉଛନ୍ତି ପାଶ୍ଚାତ୍ୟ ସାହିତ୍ୟର ବିଧିବଦ୍ଧ ସମାଲୋଚକ। The theory of imitation ମାଧ୍ୟମରେ ସେ ମତ ପ୍ରକାଶ କରିଛନ୍ତି – କବିତାର ପ୍ରଭାବ କ୍ଷତିକାରକ। କାରଣ – ଏହା ମିଥ୍ୟାଶ୍ରୟୀ। କିନ୍ତୁ ଏହା ଜୀବନ ଉପରେ ଗଭୀର ପ୍ରଭାବ ପକାଏ। ବୋଲି ସ୍ୱୀକାର କରିଛନ୍ତି। ତାଙ୍କର ମତକୁ ସାବ୍ୟସ୍ତ କରିବା ପାଇଁ ସେ ପୃଥିବୀର ପ୍ରଥମ University 'The Platonic Academy of Athens' ପ୍ରତିଷ୍ଠା କରିଥିଲେ। ଏଥିରେ ସତର ବର୍ଷ ବୟସରେ ଅଧ୍ୟୟନ କରିଥିଲେ ଆରିଷ୍ଟୋଟଲ।

ଆରିଷ୍ଟୋଟଲ (Aristotle)– ପ୍ରଥମ ଶତାବ୍ଦୀ (ଗ୍ରୀସ୍)

ଗ୍ରନ୍ଥ – Poetics

ପ୍ଲାଟୋ ଥିଲେ ଆଦର୍ଶବାଦୀ। ଆରିଷ୍ଟୋଟଲ ଥିଲେ ବାସ୍ତବବାଦୀ। ସେ ଟ୍ରାଜେଡ଼ି ଓ କମେଡ଼ି ଉପରେ ଆଲୋକପାତ କରି, ଆନନ୍ଦ ଦାନକୁ କାବ୍ୟର ମୁଖ୍ୟ ସଂପଦ ଭାବରେ ଗ୍ରହଣ କରିଛନ୍ତି। ସେ Unity of action କୁ ପ୍ରଥମ ଥର ପାଇଁ ଗୁରୁତ୍ୱ ଦେଲେ। ତେଣୁ ପ୍ଲାଟୋ ଆଦର୍ଶ ବଦଳରେ ବାସ୍ତବତା ବା ଆନନ୍ଦ ଦାନକୁ ସାହିତ୍ୟର ମୁଖ୍ୟ ସ୍ଥାନ ପ୍ରଦାନ କରିବାକୁ ଦାବି ଉପସ୍ଥାପନା କଲେ।

ହୋରେସ୍ (Horece) – ରୋମ୍

ଗ୍ରନ୍ଥ – Ars Poetica (ଆରସ ପୋୟେଟିକା)

ହୋରେସ୍‍ଙ୍କ ମତରେ ଭାବସଂହତି ସହିତ ସତ୍ୟକୁ ଗୁରୁତ୍ୱ ପ୍ରଦାନ କରିବା ଏକାନ୍ତ

ଅପରିହାର୍ଯ୍ୟ। ଏହାଛଡ଼ା ଶବ୍ଦଶକ୍ତିକୁ ସେ ଗୁରୁତ୍ୱ ପ୍ରଦାନ କରିଛନ୍ତି। ସେ ମଧ୍ୟ କବିତାର କଳା ଓ କାବ୍ୟ କଳାକୁ ଗୁରୁତ୍ୱ ପ୍ରଦାନ କରିଛନ୍ତି।

ଲାଞ୍ଜିନସ୍ (Longinus)

ଗ୍ରନ୍ଥ – On the sublime

ତାଙ୍କ ମତରେ ରଚନାରେ କଳାମ୍ବକ ଉପସ୍ଥାପନାକୁ ଗୁରୁତ୍ୱ ଦିଆଯିବା ଆବଶ୍ୟକ। ସାହିତ୍ୟକୁ ସୌନ୍ଦର୍ଯ୍ୟ ଓ ସତ୍ୟର ଉପହାର ଭାବରେ ସେ ଗ୍ରହଣ କରିଛନ୍ତି। ବିଶେଷ ଦ୍ରଷ୍ଟବ୍ୟ ଯେ ପ୍ରତିକୂଳ ପରିବେଶ ଯୋଗୁଁ ଗ୍ରୀକ୍ ଓ ରୋମାନ୍ ବିଦ୍ୱାନମାନେ ମାତୃଭୂମି ପରିତ୍ୟାଗ ପୂର୍ବକ ୟୁରୋପ୍ ବିଶେଷତଃ ଇଟାଲି ଆଗମନ କଲେ। ଯାହାଫଳରେ ୟୁରୋପରେ ୧୪୫୩ ବେଳକୁ ଆରମ୍ଭ ହେଲା ନବଜାଗରଣ ବା ରେନେସାଁ।

ଫିଲିପ୍ ସିଡ୍ନୀ (Philip Sidney) – ଷୋଡ଼ଶ ଶତାବ୍ଦୀ (୧୫୪୪)

ଗ୍ରନ୍ଥ – Defence of Poesie, An Apology for poetrie

ସିଡ୍ନୀଙ୍କ ମତରେ କବିତାର ମୌଳିକ ଲକ୍ଷ୍ୟ ଶିକ୍ଷାଦାନ ଓ ଆନନ୍ଦ ଦାନ ହେବା ଉଚିତ ।

ବେନ୍ ଜନ୍‌ସନ୍ (Benjonson)– ଷୋଡ଼ଶ ଶତାବ୍ଦୀ (୧୫୭୨)

ଗ୍ରନ୍ଥ – The Alchemist

ଜନ୍‌ସନ୍‌ଙ୍କ ମତରେ କବିତା ଆକର୍ଷଣୀୟ ରଚନା ଶୈଳୀ ସହିତ ଶିକ୍ଷା ଓ ଆନନ୍ଦ ଦାନ ଦେଉଥିବା ଉଚିତ ।

ଜନ୍ ଡ୍ରାଇଡେନ୍ (John Dryden(UK) Father of English Criticism)– ସପ୍ତମ ଶତାବ୍ଦୀ (୧୬୩୧)

ଗ୍ରନ୍ଥ – Essay of Dramatic Poesy

ଡ୍ରାଇଡେନ୍ Neo Classical Critic ଭାବରେ ପରିଚିତ । ତାଙ୍କର ଆବିର୍ଭାବ ସାହିତ୍ୟ ପାଇଁ ଏକ ଆଶୀର୍ବାଦ । ସେ ଆନନ୍ଦ ଦାନକୁ ସାହିତ୍ୟରେ ପ୍ରଥମ ଧେୟ ହେବା ଉଚିତ ବୋଲି ମତ ପ୍ରକାଶ କରିଥିଲେ ଏବଂ ଅନ୍ୟ ସବୁର ସ୍ଥାନ ଦ୍ୱିତୀୟ ବୋଲି କହିଥିଲେ । ଅର୍ଥାତ୍ ତାଙ୍କ ମତରେ ସାହିତ୍ୟ – A standard of judging well

ଆଲେକ୍‌ଜାଣ୍ଡାର ପୋପ୍ (Alexander Pope (UK) – ସପ୍ତଦଶ ଶତାବ୍ଦୀ (୧୬୮୮)

ଗ୍ରନ୍ଥ – Essays on Criticism

ପ୍ରାଚୀନ ଓ ସମକାଳୀନ ଚିନ୍ତାଧାରା ମଧ୍ୟରେ ସେତୁ ସ୍ଥାପନ କରିବାକୁ ଉଦ୍ୟମ କରିଥିଲେ ଏବଂ ନୈତିକତାକୁ ସାହିତ୍ୟର ଧର୍ମ ହେବା ଉଚିତ୍ ବୋଲି ମତ ପ୍ରଦାନ କରିଥିଲେ ।

ସାମ୍ୟୁଏଲ୍ ଜନ୍‌ସନ୍ (Samuel Johnson (London)) – ଅଷ୍ଟାଦଶ ଶତାବ୍ଦୀ (୧୭୦୯)

ଗ୍ରନ୍ଥ – Life of Milton

ଆନନ୍ଦ ଦାନ କବିତାର ଗୁଣ । କିନ୍ତୁ ସତ୍ୟ ଏହାର ଭିତ୍ତିଭୂମି ହେବା ଆବଶ୍ୟକ ବୋଲି ମତ ପ୍ରକାଶ କରିଛନ୍ତି ।

ଅଷ୍ଟାଦଶ ଶତାବ୍ଦୀ ପାଶ୍ଚାତ୍ୟ ସମାଲୋଚନା ସାହିତ୍ୟ କ୍ଷେତ୍ରରେ ନୂତନ ଯୁଗର ସୂଚନା ପ୍ରଦାନ କଲା। ୧୭୯୮ ରେ ଓ୍ୱାଡ଼ସଓ୍ୱାର୍ଥ ଓ କଲେରିଜ୍ଙ୍କ ମିଳିତ ଉଦ୍ୟମରେ ପ୍ରକାଶ ପାଇଲା Lyrical Ballads । ଏହାର ମୁଖବନ୍ଧରେ ରୋମାଣ୍ଟିକ୍ ସମାଲୋଚନାର ନୂତନ ପ୍ରସ୍ତ ଆରମ୍ଭ ହେଲା। ସଂସ୍କୃତିର କୁଫଳ ପ୍ରତି ପ୍ରତିକ୍ରିୟା ବା Alienation କୁ ଆଧାର କରି ଦୁଇ କବି ମତ ପ୍ରଦାନ କଲେ – "କବିତାର ଲୁହ ଦେବତାମାନଙ୍କର ଲୁହ ନୁହେଁ। ସ୍ୱାଭାବିକ୍ ମଣିଷର ଲୁହ।"

<u>କୋଲେରିଜ୍</u> (Samuel Taylor Coleridge (London))- ୧୭୭୨
  ଗ୍ରନ୍ଥ- Biographia Literaria
  କୋଲେରିଜ୍ ସାହିତ୍ୟରେ ମନସ୍ତତ୍ତ୍ୱ ଓ ଦର୍ଶନକୁ ଗୁରୁତ୍ୱ ପ୍ରଦାନ କଲେ।

<u>ସେଲୀ</u> (P.B. Shelley) – ଅଷ୍ଟାଦଶ ଶତାବ୍ଦୀ (୧୯୯୨) ଇଟାଲୀ।
  ଗ୍ରନ୍ଥ – Defence of Poetry
  ଚିରନ୍ତନ ସତ୍ୟ ଭିତରେ ଅଭିବ୍ୟକ୍ତ ଜୀବନ ଧାରାର ନିଷ୍କପଟ ଚିତ୍ର ହେଉଛି କବିତା ଏବଂ ସବୁ ଉଚ୍ଚାଙ୍ଗ କବିତା ଶେଷହୀନ ବୋଲି ସେ ମତବ୍ୟକ୍ତ କରିଛନ୍ତି।
  ଉନବିଂଶ ଶତାବ୍ଦୀ ମଧ୍ୟ ଭାଗକୁ ଇଂରାଜୀ ସାହିତ୍ୟରେ ଭିକ୍ଟୋରିଆ ଯୁଗର ଆରମ୍ଭ ହେଲା।

<u>ମାଥ୍ୟୁ ଆରନୋଲ୍ଡ</u> (Matthew Arnold (UK))- ୧୮୭୨
  ଗ୍ରନ୍ଥ – The Preface of the poems
  ତାଙ୍କ ମତରେ ସାହିତ୍ୟ ଜୀବନର ସମାଲୋଚନା। ଅର୍ଥାତ୍ ଜୀବନ ପାଇଁ କଳା।

<u>ଓ୍ୱାଲଟର୍ ପିତର</u> (Walter Pater)(London) – ୧୮୩୯
  ଗ୍ରନ୍ଥ – Aesthetic Poetry
  କଳା ପାଇଁ କଳା (Art for Art sake)

ଜୀବନ ପାଇଁ କଳା, କଳା ପାଇଁ କଳା ଦୁଇ ଭିନ୍ନ ମୁଖ୍ୟ ଦୃଷ୍ଟିଭଙ୍ଗୀକୁ ଆଧାର କରି ବିଂଶ ଶତାବ୍ଦୀ ସମାଲୋଚନା ନୂତନ ସମାଲୋଚନାର ପ୍ରସ୍ତ ତିଆରି

କଳା। ବିଂଶ ଶତାବ୍ଦୀର ସମାଲୋଚକ ଏଜରା ପାଉଣ୍ଡ କହିଲେ – "Poetry must be as well written prose"

ହ୍ୟୁମ୍ (T.E. Hulme)(UK) – ୧୮୮୩ (Father of Imagism)
    ଗ୍ରନ୍ଥ – The new Philosophy
    ସେ ସୌନ୍ଦର୍ଯ୍ୟବାଦୀ ଦର୍ଶନର ପକ୍ଷପାତି।

ଇଲିଅଟ୍ (T.S. Eliot)(US) – ୧୮୮୮
    ଗ୍ରନ୍ଥ – Function of Criticism
    Function of Criticism ରେ ସେ କହିଛନ୍ତି–
    "Why it is written and why read or recited or which making some concious or unconcious assumption that we do know these things assesses actual poetry."

    ବାସ୍ତବରେ ସାହିତ୍ୟ ସମାଲୋଚନା ହେଉଛି ଲେଖାର ଉକ୍ର୍ଷ ଓ ଅପକର୍ଷ ସଂପର୍କୀୟ ଆଲୋଚନା। ସେ କ୍ଲାସିକାଲ ମଡର୍ଣ୍ଜିମ୍ର ବିଶ୍ୱାସୀ।

ଆଇ.ଏ.ରିଚାର୍ଡ୍ସ (Ivor Armstrong Rechards (UK)) – ୧୮୯୩
        (Father of New criticism)
    ଗ୍ରନ୍ଥ – The practical criticism,
        Principles of literary criticism
    ତାଙ୍କ ମତରେ – ନିର୍ଦ୍ଦିଷ୍ଟ ତତ୍ତ୍ୱ ନ ରହିଲେ ସାହିତ୍ୟ ବେତାଳିଆ ହୁଏ। ଭାଷା ଓ ଶବ୍ଦ ଅନୁଭୂତିର ବାହକ ହୋଇଥିବାରୁ ସାହିତ୍ୟରେ ନିର୍ଦ୍ଦିଷ୍ଟ ତତ୍ତ୍ୱର ଆବଶ୍ୟକତା ରହିଛି।

    ପରବର୍ତ୍ତୀ କାଳରେ ପାଶ୍ଚାତ୍ୟ ସମାଲୋଚନା ସାହିତ୍ୟରେ ବିଶିଷ୍ଟ ସମାଲୋଚକମାନଙ୍କର ଆବିର୍ଭାବ ଘଟିଲାଣି। ଉଇଲିୟମ୍ ହେନେରୀ ହଡ୍‌ସନଙ୍କ ଭଳି ସମାଲୋଚଙ୍କ ଏହାର ପ୍ରକୃଷ୍ଟ ଉଦାହରଣ।

ସାହିତ୍ୟ ସମାଲୋଚନା : ଶ୍ରେଣୀବିଭାଗ ବା ପଦ୍ଧତି

ପ୍ରସିଦ୍ଧ ସମାଲୋଚକ T.S. Eliot ତାଙ୍କର 'To criticise the critic' ପ୍ରବନ୍ଧରେ ସମାଲୋଚକମାନଙ୍କର ଶ୍ରେଣୀ ବିଭାଗ କରିଛନ୍ତି ।

(୧)   ପେଶାଦାର ସମାଲୋଚକ (Super Reviewer) – ଏମାନେ କୌଣସି ପତ୍ରିକା ବା ସମ୍ୟାଦପତ୍ର ପାଇଁ ନିଯୁକ୍ତ ସମାଲୋଚକ ।

(୨)   ରୁଚିଶୀଳ ସମାଲୋଚକ (Critic with Gusto) – ଏମାନେ ଅନାଲୋଚିତ ପୂର୍ବ ଲେଖକଙ୍କ ଉପରେ ଆଲୋଚନା କରିଥାଆନ୍ତି ।

(୩)   ଆନୁଷ୍ଠାନିକ ସମାଲୋଚକ – ଏମାନେ ଗବେଷକ ଏବଂ ଦାର୍ଶନିକ ସମାଲୋଚକ ।

(୪)   କବି ସମାଲୋଚକ – ଏମାନେ ନିଜର କବିତା ସଂପର୍କରେ ଆଲୋଚନା କରିଥାନ୍ତି ।

ସମାଲୋଚନାର ଶ୍ରେଣୀବିଭାଗ ବା ପଦ୍ଧତି:

ସମାଲୋଚନା କ୍ଷେତ୍ରରେ ବିଭିନ୍ନ ଉଦ୍ଦେଶ୍ୟ, ବିଭିନ୍ନ କାର୍ଯ୍ୟ ଏବଂ ବିଭିନ୍ନ ପ୍ରକାରର ପଦ୍ଧତି ଅନୁସୃତ ହେଉଥିବାର ପରିଲକ୍ଷିତ ହୁଏ । ବିଂଶ ଶତାଦ୍ଦୀର ମଧ୍ୟଭାଗ ବେଳକୁ ସମାଲୋଚନାର ବହୁବିଧ ପଦ୍ଧତି ଆତ୍ମପ୍ରକାଶ କରିଛି ।

(୧) Existential ବା ଅସ୍ତିତ୍ବବାଦୀ ସମାଲୋଚନା – ଡେନମାର୍କର ସୋରେନ୍ କିର୍କେଗାର୍ଡ (Soren Ckierkegard) ଦ୍ବିତୀୟ ବିଶ୍ବଯୁଦ୍ଧ ପରବର୍ତ୍ତୀ ହତାଶା ଓ ବିଷାଦବୋଧକୁ ଆଧାର କରି ଏହି ପଦ୍ଧତିକୁ ଜନ୍ମ ଦେଇଥିଲେ ।

(୨) Phenomenological ବା ଦୃଶ୍ୟମାନର ବର୍ଣ୍ଣନାତ୍ମକ ସମାଲୋଚନା – ଜର୍ମାନ ଫିଲୋସଫର ଏଡ୍‌ମଣ୍ଡ ହସ୍‌ଲର (Edmund Husseri)

ଏହି ସମାଲୋଚନା ପଦ୍ଧତିର ଜନକ । ଚେତନାର ଅନ୍ତରାଳରେ ଥିବା ପ୍ରକୃତିର ଅଭିପ୍ରାୟର ଅନୁସନ୍ଧାନ ଏହାର ଉଦ୍ଦେଶ୍ୟ । ଏହାକୁ ମନସ୍ତାତ୍ତ୍ବିକ ସମାଲୋଚନା ପଦ୍ଧତି ମଧ୍ୟ କୁହାଯାଏ ।

(୩) Mythical ବା Archetypal ସମାଲୋଚନା –

ସୁଇଜରଲାଣ୍ଡର ରିସର୍ଚ ସ୍କଲାର କାର୍ଲ ଗସ୍ସ୍ଟେଭ ଜଙ୍ଗ (Carl Gustav Jung) ଆର୍କିଟାଇପାଲ ସମାଲୋଚନାର ଜନକ। ବର୍ତ୍ତମାନକୁ ଅତୀତ ସହିତ ଯୋଡ଼ି ପ୍ରାଚୀନ କାହାଣୀ, କିମ୍ବଦନ୍ତୀ, ପୌରାଣିକ ଆଖ୍ୟାନ ମାଧ୍ୟମରେ ସାମ୍ପ୍ରତିକ ଜୀବନର ଅର୍ଥକୁ ଅନୁସନ୍ଧାନ କରିବା ଏହାର ଉଦ୍ଦେଶ୍ୟ।

(୪) Structuralist ସମାଲୋଚନା –

ଫର୍ଡିନାଣ୍ଡ ଡିସିସେର (Ferdinand de saussure), ପ୍ରଫେସର ଜେନେଭା ୟୁନିଭରସିଟି, ସୁଇଜରଲାଣ୍ଡ, ୧ ୯୦୬ ବେଳକୁ ଏହି ପଦ୍ଧତିର ବିକାଶ କରାଇଥିଲେ। ରଚନାର ଭାଷା ତାତ୍ତ୍ୱିକ ଅଧ୍ୟୟନକୁ ଏହି ପଦ୍ଧତି ଗୁରୁତ୍ୱ ଦେଲା।

(୫) Legislative criticism ବା ଆଲଂକାରିକ ସମାଲୋଚନା –

ଭାରତୀୟ ସମାଲୋଚକମାନେ କାବ୍ୟରେ ଅଲଂକାରକୁ ଗୁରୁତ୍ୱ ଦେଇଛନ୍ତି। ଅର୍ଥାତ୍ କାବ୍ୟର ଆଙ୍ଗିକ ସୌନ୍ଦର୍ଯ୍ୟକୁ ସେମାନେ ପ୍ରାଧାନ୍ୟ ଦେଇଛନ୍ତି। ଆଚାର୍ଯ୍ୟ ବାମନ କହିଛନ୍ତି– "କାବ୍ୟମ୍ ଗ୍ରାହ୍ୟମ୍ଲଂଙ୍କାରାତ୍।"

(୬) Aesthetic or Theoretical Criticism ବା ନନ୍ଦନତାତ୍ତ୍ୱିକ ସମାଲୋଚନା –

ଇଂରାଜୀ ସମାଲୋଚକ ଓସ୍କାର ୱାଇଲଡ଼୍ (Oscar Wilde) ଏହି ପଦ୍ଧତିର ଜନକ। ଏଥିରେ ସାହିତ୍ୟର ସୌନ୍ଦର୍ଯ୍ୟବୋଧ ସଂପର୍କରେ ଗୁରୁତ୍ୱ ଦିଆଯାଇଥାଏ।

(୭) Descriptive Criticism ବା ବର୍ଣ୍ଣନାତ୍ମକ ସମାଲୋଚନା –

ଇଂରାଜୀ ସମାଲୋଚକ ଡ୍ରାଇଡେନ୍ ଏହି ପଦ୍ଧତିର ଜନ୍ମଦାତା। ଏହା ଆମ୍ ପ୍ରଧାନ।

(୮) Comparative Criticism ବା ତୁଳନାତ୍ମକ ସମାଲୋଚନା –

ଇଂରାଜୀ ସମାଲୋଚକ ଜନ୍ ଡ୍ରାଇଡେନ୍ (John Dryden) ଏହି ପଦ୍ଧତିର ଜନକ। ସମପର୍ଯ୍ୟାୟବାଚୀ ଗ୍ରନ୍ଥ ମଧ୍ୟରେ ଥିବା ସାମ୍ୟ ଓ ବୈଷମ୍ୟ ସଂପର୍କରେ ଏଥିରେ ଆଲୋଚନା କରାଯାଇଥାଏ।

(୯) ବ୍ୟକ୍ତିନିଷ୍ଠ ବା ଆମ୍ପ୍ରଧାନ (Subjective) –

ଡୋନାଲ୍ଡ କେ. ହେଡ଼ରିକ୍ (Donald K Hedrick) ଏହି ସମାଲୋଚନାର ଉଦ୍ଭାବକ। ଏଥିରେ ବ୍ୟକ୍ତିକେନ୍ଦ୍ରିକ ଜ୍ଞାନ ଓ ନିଷ୍ଠା ପ୍ରକାଶ ପାଇଥାଏ। ସୁରେନ୍ଦ୍ର ମହାନ୍ତିଙ୍କ 'ଫକିର ମୋହନ ସମୀକ୍ଷା', ମାନସିଂହଙ୍କ 'କବି ଓ କବିତା' ଏହି ଶ୍ରେଣୀୟ।

(୧୦) Objective Criticism ବା ବସ୍ତୁନିଷ୍ଠ ସମାଲୋଚନା –

ଇଂରାଜୀ କବି ତଥା ସମାଲୋଚକ T.S. Eliot ଏହି ପଦ୍ଧତିର ଉଦ୍ଭାବକ।

ସାହିତ୍ୟରେ ଐତିହାସିକତା, ତୁଳନା, ନୀତି, ଆଦର୍ଶ ଓ ସାହିତ୍ୟିକଙ୍କ ଜୀବନାଦର୍ଶକୁ ଏହି ସମାଲୋଚନାରେ ଗ୍ରହଣ କରାଯାଇଥାଏ ।

(୧୧) New Criticism ବା ନୂତନ ସମାଲୋଚନା –

ଇଂରାଜୀ ସମାଲୋଚକ I.A. Rechards ନୂତନ ସମାଲୋଚନାର ଜନକ । ସେ ଶୈଳୀ ଓ ଭାବ ମଧ୍ୟରେ ନିବିଡ଼ ସଂପର୍କକୁ ଆଧାର କରି ଏହାର ବିକାଶ କରାଇଛନ୍ତି ।

ଏତଦ୍‌ବ୍ୟତୀତ ଆରୋହପନ୍ଥୀ (Inductive), ନିର୍ଣ୍ଣୟାମ୍ଳକ ବା ବିଚାରମୂଳକ (Judicial), ଅନୁଧ୍ୟାନାମ୍ଳକ (Speculative), ଅନୁଭାବାମ୍ଳକ (Impressionastic), ମନସ୍ତାତ୍ତ୍ୱିକ (Psychological), ଐତିହାସିକ (Historical), ଜୀବନବୃତ୍ତାନ୍ତୀୟ (Bio-graphical), ଭାଷ୍ୟମୂଳକ (Textual Criticism) ଆଦି ସମାଲୋଚନା ପଦ୍ଧତି ସାହିତ୍ୟିକ ମୂଲ୍ୟାୟନ ନିମନ୍ତେ ପ୍ରଚଳିତ ।

ସମାଲୋଚକ ଓ ସମାଲୋଚନାର ଲକ୍ଷଣ-ପ୍ରବୃତ୍ତି-ଧର୍ମ-ବୈଶିଷ୍ଟ୍ୟ:

Rene Wellelk ଙ୍କ ମତରେ – "ସମାଲୋଚନା ଏକ ଆବିଷ୍କାର ଓ ଚିରନ୍ତନ ସୃଷ୍ଟି" (Invention and Perpetual Creation) ତେଣୁ ସମାଲୋଚନା ବହୁବିଧ ଲକ୍ଷଣକୁ ଆଧାର କରିଥାଏ ।

(୧)   ଉଚ୍ଚ ଧରଣର ସମାଲୋଚନା ଲାଗି ସୁଦକ୍ଷ ସମାଲୋଚକ ଓ ଉପଯୁକ୍ତ ବାତାବରଣ ଲୋଡ଼ା ।

(୨)   ସମାଲୋଚନା ନିରପେକ୍ଷ, ଉଦାର, ସହୃଦୟ ହେବା ଆବଶ୍ୟକ ।

(୩)   ସମାଲୋଚନା କ୍ଷେତ୍ର ଭାବୟିତ୍ରୀ ଶକ୍ତି ଗଭୀର ହେବା ଆବଶ୍ୟକ ।

(୪)   ସମାଲୋଚକ ବିବେକ ଗ୍ରାହକ ଓ ରସଗ୍ରାହୀ ହୋଇଥିବା ଆବଶ୍ୟକ । ଦୀନକୃଷ୍ଣ ଦାସ କହିଛନ୍ତି–

"କବି ହୋଇ କରୁଥିବା ନିର୍ମଳ କବିତ୍ୱ
କର୍ଣ୍ଣ ଦେଇ ଶୁଣୁଥିବେ ରସିକ ପଣ୍ଡିତ ।"

(୫)   ସମାଲୋଚନା କ୍ଷେତ୍ରରେ ଅହଂ ମନ୍ୟତା ଦୂର କରିବା ଉଚିତ ।

(୬)   ସମାଲୋଚନା ଯୁକ୍ତିନିଷ୍ଠ ହେବା ଆବଶ୍ୟକ ।

(୭)   ସମାଲୋଚନା ଉତ୍ସାହିତ ଓ ପରିମାର୍ଜିତ କରେ ।

(୮)   ସାହିତ୍ୟିକ ଅଭିବୃଦ୍ଧିରେ ସାହାଯ୍ୟ କରେ ।

(୯)   ସମାଲୋଚନା ଜୀବନ ବ୍ୟାଖ୍ୟାର ବ୍ୟାଖ୍ୟା ।

(୧୦)   ସମାଲୋଚନା ତାତ୍ତ୍ୱିକ ହେବା ଉଚିତ ।

(୧୧) ସାହିତ୍ୟରେ ଥିବା ଦର୍ଶନକୁ ସମାଲୋଚନା ନିର୍ଣ୍ଣୟ କରେ ।

(୧୨) ସମାଲୋଚନା ଗବେଷଣା ସାପେକ୍ଷ ।

(୧୩) ସାହିତ୍ୟ ସଂପାଦନା କ୍ଷେତ୍ରରେ ସମାଲୋଚନା ଗୁରୁତ୍ୱପୂର୍ଣ୍ଣ ଭୂମିକା ଗ୍ରହଣ କରିଥାଏ ।

ସମାଲୋଚନାରେ ସଂକଳନ ଓ ସଂପାଦନା, ଭାଷାତତ୍ତ୍ୱ ସମନ୍ୱୀୟ ଆଲୋଚନା, ଭିନ୍ନ କାଳର ସାହିତ୍ୟ ଓ ସେ ସବୁର ରଚୟିତାଙ୍କ ଜୀବନୀ ସଂପର୍କୀୟ ଆଲୋଚନା, ସାହିତ୍ୟର ଶୈଳୀ ସଂପର୍କିତ ତାତ୍ତ୍ୱିକ ଆଲୋଚନା, ସାହିତ୍ୟ ତତ୍ତ୍ୱ ସମନ୍ୱୀୟ ଆଲୋଚନା, ଲୋକ ସାହିତ୍ୟର ସଂଗ୍ରହ, ସଂପାଦନା ଓ ସମୀକ୍ଷା ଇତ୍ୟାଦି ଅନ୍ତର୍ଭୁକ୍ତ ।

ଓଡ଼ିଆ ସମାଲୋଚନା ସାହିତ୍ୟର ବିକାଶକ୍ରମ

ନିଶ୍ଚିତ ଭାବରେ କୁହାଯାଇପାରେ ପଞ୍ଚସଖା ସାହିତ୍ୟର ବିଶିଷ୍ଟ ଜନପ୍ରିୟ କବି ଅତିବଡ଼ି ଜଗନ୍ନାଥ ଦାସଙ୍କ ଠାରୁ ଓଡ଼ିଆ ସମାଲୋଚନା ସାହିତ୍ୟର ସୃଷ୍ଟି ଓ ବିକାଶ ସମ୍ଭବ ହୋଇଛି। ତତ୍କାଳୀନ ସମାଲୋଚନା ସାହିତ୍ୟର ସ୍ୱରୂପ ତ୍ରିବିଧ।

(୧) ଟୀକା ବା ବ୍ୟାଖ୍ୟାକରଣ।

(୨) ନିଜ କାବ୍ୟ ସଂପର୍କରେ ସୂଚନା ପ୍ରଦାନ ମାଧ୍ୟମରେ କାବ୍ୟତତ୍ତ୍ୱ ର ଆଭାସ।

(୩) ସଂସ୍କୃତ ଲକ୍ଷଣ ଶାସ୍ତ୍ର ଅବଲମ୍ବନରେ ରଚିତ ଆଳଙ୍କାରିକ କାବ୍ୟ।

(୧) ଟୀକା ବା ବ୍ୟାଖ୍ୟାମୂଳକ ସମାଲୋଚନା:

ଟୀକା ବା ବ୍ୟାଖ୍ୟାମୂଳକ ସମାଲୋଚନାର ଦୁଇଟି ଦିଗ ରହିଛି।

(କ) ମୌଖିକ।

(ଖ) ଲିଖିତ।

ମୌଖିକ ସମାଲୋଚନା ଦାସକାଠିଆ ଓ ପାଲା ମାଧ୍ୟମରେ ପ୍ରକାଶ ପାଇଥାଏ। ଲିଖିତ ସମାଲୋଚନା ତାତ୍ତ୍ୱିକ ବ୍ୟାଖ୍ୟାମୂଳକ। କବି ମାର୍କଣ୍ଡ ଦାସଙ୍କ 'କେଶବ କୋଇଲି'ର ତାତ୍ତ୍ୱିକ ବ୍ୟାଖ୍ୟା ହେଉଛି ଜଗନ୍ନାଥ ଦାସଙ୍କ 'ଅର୍ଥ କୋଇଲି'। 'କେଶବ କୋଇଲି'ରେ ବର୍ଣ୍ଣିତ ହୋଇଛି–

"କୋଇଲି ଲୋ କେଶବ ଯେ ମଥୁରାକୁ ଗଲା

କାହା ବୋଲେ ଗଲା ପୁତ୍ର ବାହୁଡ଼ି ନଇଲା

ଲୋ କୋଇଲି।"

ଜଗନ୍ନାଥ ଦାସଙ୍କ 'ଅର୍ଥ କୋଇଲି'ରେ ଏହାର ତାତ୍ତ୍ୱିକ ବ୍ୟାଖ୍ୟା କରାଯାଇଛି।

ଯଥା–

"କୋଇଲି ବୋଲିଣ ପାର୍ଥ ଜୀବକୁଟି କହି

ସେହି ଜୀବ ମୁହିଁ ଜାଣ ସର୍ବତ୍ର ଅଛଇ

ଆପେ ଆସିଥିଲା ଜୀବ ଆପେ ଚଲିଗଲା

ସେହି ପୁତ୍ର ଗୋଟି ଆଉ ବାହୁଡ଼ି ନଇଲା

ଏହି ପୁତ୍ର ଗୋଟି ଯହୁଁ ବାହୁଡ଼ି ନଇଲା
ମଥୁରା ସ୍ୱରୂପ ପିଣ୍ଡ ପଡ଼ିଶ ରହିଲା।"

ଅତୀରେ କେତେକ କାବ୍ୟର ଗଦ୍ୟଟୀକା ମଧ୍ୟ ଦେଖିବାକୁ ମିଳେ। କୃଷ୍ଣ ଦାସଙ୍କ 'ଲାବଣ୍ୟବତୀ'ର ଟୀକା ଓ ଲୋକନାଥ ଦାସଙ୍କ 'ବୈଦେହୀଶ ବିଳାସ ଟୀକା' ଉଲ୍ଲେଖ ଯୋଗ୍ୟ।

(୨)ନିଜ କାବ୍ୟ ସଂପର୍କରେ ସୂଚନା ପ୍ରଦାନ ମାଧମରେ କାବ୍ୟାତତ୍ତ୍ୱର ଆଭାସ:

<u>ଉପେନ୍ଦ୍ର ଭଞ୍ଜ:</u>

କବି ସମ୍ରାଟ ଉପେନ୍ଦ୍ର ଭଞ୍ଜ ନିଜ କାବ୍ୟ ସଂପର୍କରେ ସୂଚନା ଦେଇ କାବ୍ୟତତ୍ତ୍ୱର ସ୍ୱରୂପ ସଂପର୍କରେ ସୂଚନା ଦେଇଛନ୍ତି।

(କ)   "ମୂର୍ତ୍ତିମନ୍ତ କରି ମୃଦୁଗୀତ ବିଚାରଇ
ଏଣୁ କରିଥିବ ଅଳଂକାରଯୁକ୍ତ ହୋଇ
ପଦ ସରଳ ଧ୍ୱନିରେ ଶ୍ରବଣ ମୋହିବ
ଅର୍ଥୀଜନ ପ୍ରକରକୁ ଆନନ୍ଦ କରିବ ହେ।"

                                        – ଲାବଣ୍ୟବତୀ

(ଖ)   "ବୁଦ୍ଧି ଉତ୍ତମ ଯାହାର କାବ୍ୟ ଅଭିଧାନେ।"

                                        – ବୈଦେହୀଶ ବିଳାସ

(ଗ)   "ଲକ୍ଷଣ ସହିତ ସାହିତ୍ୟରେ ଚିତ୍ତ ମୋହିବ।"

                                        – କୋଟି ବ୍ରହ୍ମାଣ୍ଡ ସୁନ୍ଦରୀ

<u>ଅଭିମନ୍ୟୁ ସାମନ୍ତ ସିଂହାର:</u>

(କ) "ଯମକାଦି ଚିତ୍ର କାବ୍ୟ ପ୍ରବନ୍ଧ ପ୍ରବନ୍ଧ
ଯଥା ଜାତ ଧନ୍ଦା ଏଠ ବୁଧ ମନ ବୋଧ।"

                                        – ବିଦଗ୍ଧ ଚିନ୍ତାମଣି

(ଖ) "ଦିବ୍ୟ ଅଦିବ୍ୟ ଭାଷାରେ ମାନସ ମୋହିବ।"

                                        – ବିଦଗ୍ଧ ଚିନ୍ତାମଣି

(ଗ) "ଦିବ୍ୟ ଅଦିବ୍ୟ ଭାଷାରେ ପ୍ରବନ୍ଧ ବିଧ
ମହାଜନ ଯଥାନୁକ୍ରମରେ ପ୍ରସିଦ୍ଧି।"

                                        – ପ୍ରେମ ଚିନ୍ତାମଣି

(ଘ) “ଥୋକେ ସ୍ଥୁଳ ହେବ ଦ୍ରାକ୍ଷା ଗୁଡ଼ କୃତ ପାକ
        ଥୋକେ ପାକ ନାରୀକେଳ ଖର୍ଜୁର ରୋଚକ।”

– ବିଦଗ୍ଧ ଚିନ୍ତାମଣୀ

ଦୀନକୃଷ୍ଣ ଦାସ :

(କ)   “କ ଅକ୍ଷରେ ହୋଇଛି ନିୟମ
        କଥା ଅଟେ ଦିବ୍ୟ ଅଦିବ୍ୟ ସମ।”

– ରସକଲ୍ଲୋଲ

(ଖ)   “କବିତା ବନିତା କବିତା ପିତା
        କହିବା ଲୋକ ତାର ଉପମାତା
        କଲେ ତାକୁ ଭୋଗ ରସିକ ନେତା
        କେବେହେଁ ଅବା ରହଇ ଯୋଗ୍ୟତା
        କୁମତି ଗୁଆଁର
        କେବଳ ବଇମାତ୍ର ଭାଇ ତାର।”

– ରସକଲ୍ଲୋଲ

(ଗ)   “କବି ଯେ ସତ ମିଛ କହନ୍ତି
        କବିତ୍ୱ ଚାତୁରୀରେ ମନ ମୋହନ୍ତି।

– ରସକଲ୍ଲୋଲ

ଭୂପତି ପଣ୍ଡିତ :

        “ସୁର ଭାଷା ହିଁ ରସମୟ”

(୩) ସଂସ୍କୃତ ଲକ୍ଷଣ ଶାସ୍ତ୍ର ଅବଲମ୍ବନରେ ରଚିତ ଆଲଙ୍କାରିକ କାବ୍ୟ

ଉପେନ୍ଦ୍ର ଭଞ୍ଜ :

        (କ) “ର–ସ–ପ–ଞ–କ ବର୍ଣ୍ଣରେ ବର୍ଣ୍ଣନା ହେବାକୁ
        ରସପଞ୍ଚକ ଏ ବୋଲାଇବ।

– ରସପଞ୍ଚକ

(ଖ) ସଂସ୍କୃତ ସାହିତ୍ୟର ଆଚାର୍ଯ୍ୟମାନଙ୍କ ଦ୍ୱାରା ପ୍ରଭାବିତ ହୋଇ ଲେଖିଛନ୍ତି।
        “ପ୍ରମଦାଙ୍କର ଅଲଙ୍କାର ଏତେ
        ପ୍ରତି ପ୍ରତି କରି ରଚଇ ସାହିତ୍ୟ ଦର୍ପର କବି ସମ୍ମତ ହେ।” – ରସପଞ୍ଚକ

(ଗ) ‘ଚିତ୍ର କାବ୍ୟ ବନ୍ଦୋଦୟ’ରେ କବି ବିବିଧ ସୁପ୍ରସିଦ୍ଧ ଗ୍ରନ୍ଥର ନାମ ଉଲ୍ଲେଖ
କରିଛନ୍ତି।

"କବି କଦ୍ଦଲତା ମତେ ଏ ଭାବେ
ସାହିତ୍ୟ ରତ୍ନାକର ମାଘ କାବ୍ୟେ ।"

                    - ଚିତ୍ରକାବ୍ୟ ବନ୍ଦୋଦୟ

କବି ଉପେନ୍ଦ୍ର 'ରସମଞ୍ଜରୀ'ରେ ନିର୍ଦ୍ଦୋଷ କାବ୍ୟର ଲକ୍ଷଣ ନିର୍ଦ୍ଦେଶ କରିଛନ୍ତି ଓ ଏଗାରଟି କାବ୍ୟ ଗୁଣର ଉଲ୍ଲେଖ କରିଛନ୍ତି ।

କବି ଯଦୁମଣି ରାଉତରାୟ:

'କବି କଦ୍ଦ୍ରୁମ'ର ରଚୟିତା ଯଦୁମଣି ରାଉତରାୟ ସଙ୍ଗୀତ କୌମୁଦୀ, କାବ୍ୟ ପ୍ରକାଶ, ସାହିତ୍ୟ ଦର୍ପଣ ଦ୍ୱାରା ପ୍ରଭାବିତ ବୋଲି ଉଲ୍ଲେଖ କରିଛନ୍ତି ।

୧୮୬୬ରେ 'ଉତ୍କଳ ଦୀପିକା' ପ୍ରକାଶ ପାଇବା ପୂର୍ବରୁ ପ୍ରମାଦପୂର୍ଣ୍ଣ, ଗଭୀର ଅନୁଶୀଳନର ଅଭାବ, ବଳିଷ୍ଠ ଯୁକ୍ତି ନ ଥିଲେ ମଧ୍ୟ ବିଦେଶୀ ଇଂରେଜମାନେ ହିଁ ଆଧୁନିକ ଓଡ଼ିଆ ସମାଲୋଚନା କ୍ଷେତ୍ରରେ ପ୍ରାଥମିକ ଉଦ୍ୟମ ଆରମ୍ଭ କରିଥିଲେ । ଯଥା-

(୧) ଆମ୍ସଟନ୍ ସାହେବ –୧୮୩୩

ରଚନା - Narrative of the Mission to Orissa (୧୮୩୩)

ଏଥିରେ ପ୍ରାସଙ୍ଗିକତା ଦୃଷ୍ଟିରୁ ଓଡ଼ିଆ ଭାଷା ଓ ସାହିତ୍ୟର ଆବଶ୍ୟକତାକୁ ଗୁରୁତ୍ୱ ପ୍ରଦାନ କରିଛନ୍ତି ।

(୨) Andrew Sterling –୧୮୪୬

ରଚନା - Orissa (୧୮୪୬)

ଓଡ଼ିଆ ଭାଷାକୁ ସଂସ୍କୃତର ଉପଭାଷା ରୂପରେ ବିବେଚନା କରିଛନ୍ତି । ପୁରୁଷୋତ୍ତମ ଦାସଙ୍କ 'କାଞ୍ଚିକାବେରୀ'କୁ ଶ୍ରେଷ୍ଠ ରଚନା ଭାବରେ ଗ୍ରହଣ କରିଛନ୍ତି ।

(୩) ଲଙ୍ଗ୍ ସାହେବ –୧୮୫୯

(୧୦ ଦିନ ପଈଁ ଓଡ଼ିଶା ପରିଦର୍ଶନରେ ଆସିଥିଲେ)

ରଚନା - Journal of Asiatic society of Bengal

ମାଦଳା ପାଞ୍ଜି, କାଞ୍ଚିକାବେରୀ, ବୈଦେହୀଶ ବିଳାସ, ରସମଞ୍ଜରୀ, ରସପଞ୍ଚକକୁ ଆଲୋଚନାର ମାଧ୍ୟମ ରୂପେ ଗ୍ରହଣ କରି, ଓଡ଼ିଶା ଭାଷାର ସ୍ୱତନ୍ତ୍ର ସ୍ଥିତି ସ୍ୱୀକାର କରିଛନ୍ତି । କିନ୍ତୁ ଭବିଷ୍ୟତ ନେଇ ସନ୍ଦେହ ପ୍ରକଟ କରିଛନ୍ତି ।

(୪) ଜନ୍ ବୀମ୍‌ସ (ଉକ୍ଳର ପରମ ହିତୈଷୀ): ରଚନା–

(a) On the relation of Oriya to other modern Aryan Language
(b) A comparative Grammer of the modern Aryan Language of India
(c) The indegenous literature of Orissa
(d) Folklore of Odisha
(e) Notes on the Rasakollola an ancient Oriya poem

(ଏଗୁଡ଼ିକ Indian Antiquary ପତ୍ରିକାରେ ପ୍ରକାଶିତ ହୋଇଥିଲା)

୧୮୭୦ ରେ ରୟ୍‌ଲ ଏସିଆଟିକ୍ ସୋସାଇଟିର ଏକ ସ୍ୱତନ୍ତ୍ର ଅଧିବେଶନରେ On the relation of Oriya to the other modern Aryan Languages ଶୀର୍ଷକରେ କାନ୍ତିଚନ୍ଦ୍ର ଭଟ୍ଟାଚାର୍ଯ୍ୟଙ୍କ 'ଓଡ଼ିଆ ସ୍ୱତନ୍ତ୍ର ଭାଷା ନୁହେଁ' ପୁସ୍ତକର ମତଗୁଡ଼ିକୁ ଖଣ୍ଡନ କରିଥିଲେ। ବଙ୍ଗଳା ଭାଷା ତୁଳନାରେ ଯେ ଓଡ଼ିଆ ଭାଷା ବହୁ ପ୍ରାଚୀନ ଏହା ବୀମ୍‌ସ ସାହେବ ସ୍ପଷ୍ଟ ଭାବରେ ଦର୍ଶାଇଛନ୍ତି।

A comparative grammer of the modern Aryan Language of India ରେ ଭାରତର ଆର୍ଯ୍ୟଭାଷାମାନଙ୍କର କ୍ରମନିରୂପଣ କରି ସେ ଓଡ଼ିଆ ଭାଷାକୁ ସପ୍ତମ ସ୍ଥାନ ପ୍ରଦାନ କରିଛନ୍ତି।

ଓଡ଼ିଆ ସମାଲୋଚନା ସାହିତ୍ୟ ବିକାଶରେ ପତ୍ରପତ୍ରିକା ଗୁରୁତ୍ୱପୂର୍ଣ୍ଣ ଭୂମିକା ଗ୍ରହଣ କରିଥିବା ବେଳେ, ସଂସ୍କୃତ ସାହିତ୍ୟ ପୁଷ୍ଟଭୂମି ପ୍ରସ୍ତୁତ କରିଥିଲା। ପାଞ୍ଚମଖା ଓ ମଧ୍ୟଯୁଗୀୟ ସାହିତ୍ୟ ସମାଲୋଚନାର ଆଦ୍ୟ ସମ୍ଭାବନା ସୃଷ୍ଟି କରିବା ସହିତ, ଇଂରାଜୀ ଶିକ୍ଷାର ପ୍ରସାର ଆଧୁନିକ ସମାଲୋଚନା ଧାରାକୁ ବୈଜ୍ଞାନିକ ଦୃଷ୍ଟିଭଙ୍ଗୀ, ଚିନ୍ତନ ଓ ପ୍ରସାରଣମୁଖୀ କରିଥିଲା। ଫଳତଃ ବିଂଶ ଶତାଦ୍ଧୀ ସମାଲୋଚନା ସାହିତ୍ୟ ବିବିଧ ସାରଣୀ ଦେଇ ପ୍ରକାଶିତ ହେଲା।

(୧) ଆଳଙ୍କାରିକ ପଦ୍ଧତି ଓ ପାଠ ଆଲୋଚନା (Textual criticism)

ବିଂଶ ଶତାଦ୍ଧୀର ତୃତୀୟ ଦଶକରୁ ଏହି ପଦ୍ଧତିକୁ ଆଧାର କରି ଓଡ଼ିଆ ସମାଲୋଚନା ସାହିତ୍ୟର ଅଭିବୃଦ୍ଧି ଓ ବିକାଶ ସାଧିତ ହୋଇଥିଲା। ଏହି ପଦ୍ଧତିର ସଫଳ ସମାଲୋଚକଗଣ ହେଉଛନ୍ତି–

ଗୋପୀନାଥ ନନ୍ଦଶର୍ମା

ପୁସ୍ତକ – ଶ୍ରୀ ଭାରତ ଦର୍ପଣ (୧୮୨୮), (ଉକ୍ଳ ସାହିତ୍ୟ)

ଦାଣ୍ଡୀ ରାମାୟଣ, ଓଡ଼ିଆ ଭାଷାତତ୍ତ୍ୱ, ଗଣନିୟମ କବିତା(ଉକ୍ଳ ସାହିତ୍ୟ), ତେଲଙ୍ଗା ଭୋଜ ଓ ତେଲଙ୍ଗୀ ସାହିତ୍ୟ(ଉକ୍ଳ ସାହିତ୍ୟ)।

ଶ୍ୟାମସୁନ୍ଦର ରାଜଗୁରୁ (ଓଡ଼ିଆ ଛନ୍ଦର ପାଣ୍ଡିତ୍ୟପୂର୍ଣ୍ଣ ଆଲୋଚକ)

ପୁସ୍ତକ – ପ୍ରବନ୍ଧାବଳୀ (୧୯୧୭) – ଏଥିରେ ସେ ସାରଳା ଦାସ, ବଳରାମ ଦାସ, ଦ୍ୱାରକା ଦାସ, ଧନଞ୍ଜୟ ଭଞ୍ଜ, ନିଃଶଙ୍କରାୟ ରାଣୀ, ହଳଧର ଦାସ, ରାମ ଦାସ ଓ କାହ୍ନୁ ଦାସଙ୍କ ସଂପର୍କରେ ଆଲୋଚନା କରିଛନ୍ତି । ‘ପଦ୍ମାବତୀ ଅଭିଲାଷ’ ତାଙ୍କର ଅନ୍ୟଏକ ବିଶିଷ୍ଟ ଆଲୋଚନା ।

ମୃତ୍ୟୁଞ୍ଜୟ ରଥ:–

ପୁସ୍ତକ – କର୍ମଯୋଗୀ ଗୌରୀଶଙ୍କର, ବ୍ରହ୍ମଜ୍ଞ ମଧୁସୂଦନ (ଚରିତମୂଳକ ପ୍ରବନ୍ଧ), ବିଦଗ୍ଧ ଚିନ୍ତାମଣୀ, ସାରଳା ଚରିତ, ଓଡ଼ିଆ ବର୍ଷ ଓ ତହିଁର ଉଚ୍ଚାରଣ, ଶବ୍ଦାର୍ଥ ଚର୍ଚା, ଧ୍ୱନ୍ୟାମ୍କ ଭାଷା, ଶବ୍ଦ ରହସ୍ୟ ଆଦି ସମାଲୋଚନା ସାହିତ୍ୟକୁ ଗୋଟିଏ ଗୋଟିଏ ଦୁର୍ଲ୍ଲଭ ଉପହାର ।

ଏହା ବ୍ୟତୀର ଅଚ୍ୟୁତାନନ୍ଦ ଦାସ, ସ୍ୱର୍ଗତଃ ଫକୀର ମୋହନ, କବିବର ରାଧାନାଥ ଆଦି ପ୍ରବନ୍ଧ ରଚନା କରି ନିଜର ସାହିତ୍ୟ ସମାଲୋଚନା କ୍ଷେତ୍ରରେ ଦକ୍ଷତା ପ୍ରଦର୍ଶନ କରିଚନ୍ତି ।

ଆର୍ତବଲ୍ଲଭ ମହାନ୍ତି:–

୧୮୨୪ରେ ‘ପ୍ରାଚୀ ସମିତି’ ପ୍ରତିଷ୍ଠା କରିଥିଲେ । ଏହାର ପ୍ରଥମ ସଂପାଦକ ଥିଲେ ଡ. କରୁଣାକର କର, ୧୯୩୧ ରେ ପ୍ରାଚୀ ମସିତିର ମୁଖପତ୍ର ଭାବେ ‘ପ୍ରାଚୀ’ ପ୍ରକାଶିତ ହୋଇଥିଲା । ଏହା ଉଭୟ ଓଡ଼ିଆ ଓ ଇଂରାଜୀରେ ପ୍ରକାଶିତ ହୋଇଥିଲା ।

ଆର୍ତବଲ୍ଲଭ ମହାନ୍ତି ପ୍ରାଚୀନ ପୋଥି ସଂଗ୍ରହ ପୂର୍ବକ ସମୀକରଣ ଓ ସଂସ୍କରଣ କରିବାରେ ଅଗ୍ରଗାମୀ ଭୂମିକା ଗ୍ରହଣ କରିଥିଲେ । ବିଦଗ୍ଧ ଚିନ୍ତାମଣୀ, ସ୍ତୁତି ଚିନ୍ତାମଣୀ, ରହସ୍ୟ ମଞ୍ଜରୀ, ବ୍ରହ୍ମନିରୂପଣ ଗୀତା, ଭୀମଭୋଇଙ୍କ ଭଜନ ମାଳାର ମୁଖବନ୍ଧ ଲେଖି ନିଜର ସମାଲୋଚକ ଦୃଷ୍ଟିଭଙ୍ଗୀର ପରିଚୟ ଦେଇଛନ୍ତି ।

ସେ ବିଦଗ୍ଧ ଚିନ୍ତାମଣୀ, ଲାବଣ୍ୟବତୀ, ରାସକଲ୍ଲୋଲ, ମଥୁରା ମଙ୍ଗଳ, ରହସ୍ୟମଞ୍ଜରୀ, ରୁକ୍ମଣୀ ବିଭାହ, ପ୍ରେମପଞ୍ଚାମୃତ, ସ୍ତୁତି ଚିନ୍ତାମଣୀ, ଶ୍ରୁତିନିଷେଧ ଗୀତା ଆଦିର ସଂପାଦନା କରିଥିଲେ ।

ଆର୍ତବଲ୍ଲଭଙ୍କ ପ୍ରତିଭା ‘ମୁଖବନ୍ଧ – ଟୀକା – ସଂକଳନ’ ଆଦି ତ୍ରିବିଧ ପୃଷ୍ଠଭୂମିରେ ଗତିଶୀଳ । ଆମେ ଆର୍ତବଲ୍ଲଭଙ୍କୁ ସମାଲୋଚକ–ବହୁ ଶାସ୍ତ୍ରଦର୍ଶୀ–ଗବେଷକ ରୂପରେ ଦେଖିବାକୁ ପାଇଥାଉ ।

(୨) ଐତିହାସିକ ଓ ସାଂସ୍କୃତିକ ସମାଲୋଚନା :

ସ୍ୱଦେଶ ପ୍ରୀତି, ସାଂସ୍କୃତିକ ଚେତନା ଓ ବିଶୁଦ୍ଧ ଶୁଚିତା ଅନୁସନ୍ଧାନ ଏଥିରେ ପ୍ରକାଶ ପାଇଥାଏ ।

ନୀଳକଣ୍ଠ ଦାସ :

ରଚନା : ଓଡ଼ିଆ ଭାଷା ଓ ସାହିତ୍ୟ, ଓଡ଼ିଆ ସାହିତ୍ୟର କ୍ରମପରିଣାମ ତାଙ୍କ ପାଣ୍ଡିତ୍ୟର ପରିଚୟ, ନୀଳକଣ୍ଠଙ୍କ ସମାଲୋଚନା ସଂପର୍କରେ Anatole France ଙ୍କ ଉକ୍ତି ପ୍ରଯୁଜ୍ୟ– "A good critic is the man who describes his adventures among master pieces "

- Prefce to la vie literaria

ପଣ୍ଡିତ ବିନାୟକ ମିଶ୍ର :

ରଚନା : ଓଡ଼ିଆ ସାହିତ୍ୟର ଇତିହାସ

ଡ. କୃଷ୍ଣ ଚନ୍ଦ୍ର ପାଣିଗ୍ରାହୀ :

ପୁସ୍ତକ : ସାରଳା ସାହିତ୍ୟର ଐତିହାସିକ ଚିତ୍ର,
ଇତିହାସ ଓ କିମ୍ବଦନ୍ତୀ, ପ୍ରବନ୍ଧ ମାନସ ।

ସେ ପ୍ରବନ୍ଧ ମାନସରେ କବିବର ରାଧାନାଥଙ୍କ ଚନ୍ଦ୍ରଭାଗା କାବ୍ୟ, ଭୀମଭୋଇ, ଆଧୁନିକ ଓଡ଼ିଆ ସାହିତ୍ୟର ବାଣିଜ୍ୟମୂଲ୍ୟ, ସବୁଜ ଶୈଳୀ, ଓଡ଼ିଆ ସାହିତ୍ୟରେ ଗୀତଗୋବିନ୍ଦର ପ୍ରଭାବ ସଂପର୍କରେ ଆଲୋଚନା କରିଛନ୍ତି ।

ପଣ୍ଡିତ ସୂର୍ଯ୍ୟନାରାୟଣ ଦାସ :

ପୁସ୍ତକ : ଓଡ଼ିଆ ସାହିତ୍ୟର ପରିଚୟ (୧ମ ଓ ୨ୟ ଖଣ୍ଡ)
ଓଡ଼ିଆ ସାହିତ୍ୟର ଇତିହାସ (୧ମ, ୨ୟ, ୩ୟ, ଓ ୪ର୍ଥ ଖଣ୍ଡ)

ଡ. ବଂଶୀଧର ମହାନ୍ତି :

ପୁସ୍ତକ : ଓଡ଼ିଆ ସାହିତ୍ୟର ଇତିହାସ (୧ମ, ୨ୟ ଓ ୩ୟ ଭାଗ)
ନାଥ ସାହିତ୍ୟ ଓ ନାଥ ସଂପ୍ରଦାୟ, ଓଡ଼ିଆ ଭାଷାତତ୍ତ୍ୱର ଭୂମିକା, ଭକ୍ତ କବି ଜଗନ୍ନାଥ ଦାସ, ସାହିତ୍ୟ ଓ ସଂସ୍କୃତି ।

ଡ. ନଟବର ସାମନ୍ତରାୟ:

ପୁସ୍ତକ : ଓଡ଼ିଆ ସାହିତ୍ୟର ଇତିହାସ (୧୮୦୩-୧୮୭୦)

ଆଧୁନିକ ଓଡ଼ିଆ ସାହିତ୍ୟର ଦିଗ୍‌ଦର୍ଶନ, ଯୁଗପ୍ରବର୍ତ୍ତକ ସ୍ରଷ୍ଟା ରାଧାନାଥ, ଓଡ଼ିଆ ପଲ୍ଲୀସାହିତ୍ୟ, ଗଙ୍ଗାଧର ସାହିତ୍ୟ ସମୀକ୍ଷା, ଆଧୁନିକ ଓଡ଼ିଆ ସାହିତ୍ୟର ଭିତ୍ତିଭୂମି, ଗଛ ନୁହେଁ ସମାଲୋଚନା, ନନ୍ଦକିଶୋର ସାହିତ୍ୟ ସମୀକ୍ଷା, ସଖାହୀନ ପଞ୍ଚସଖା, ବ୍ୟାସକବି ଫକୀର ମୋହନ ।

ଡ. ଜାନକୀ ବଲ୍ଲଭ ମହାନ୍ତି:

ପୁସ୍ତକ : ଆଧୁନିକ ଓଡ଼ିଆ ସାହିତ୍ୟର ଇତିହାସ, ନବଯୁଗର କବି ଓ କାବ୍ୟଧାରା, ଓଡ଼ିଆ ଗୀତିକାବ୍ୟ, ସୃଷ୍ଟି ଓ ସମୀକ୍ଷା ।

ଜାନକୀବଲ୍ଲଭଙ୍କ ସଂପର୍କରେ E.M. Forster ଙ୍କ ଉକ୍ତି ଯଥାର୍ଥ-

"Think before you speak is criticisms motto, speak before you think creations"

ଡ. ଗଙ୍ଗାଧର ବଳ:

ପୁସ୍ତକ : ବୈଷ୍ଣବ ସାହିତ୍ୟର ତାତ୍ତ୍ୱିକ ଭୂମିକା,
ଗୋପାଳ କୃଷ୍ଣ ସୃଷ୍ଟି ଓ ସମୀକ୍ଷା ।

ପଠାଣି ପଟ୍ଟନାୟକ:

ପୁସ୍ତକ : ସାହିତ୍ୟ ବିଚାର, ଓଡ଼ିଆ ସାହିତ୍ୟର ଭୂମିକା, ପ୍ରବନ୍ଧ ଓ ସମାଲୋଚନା, ଭାରତୀୟ ସାହିତ୍ୟର ଭୂମିକା ।

ଡ. ସୁଦର୍ଶନ ଆଚାର୍ଯ୍ୟ:

ପୁସ୍ତକ : ସ୍ରଷ୍ଟା ଓ ସୃଷ୍ଟି, ସାହିତ୍ୟ ଓ ସାହିତ୍ୟିକ,
ଓଡ଼ିଆ କାବ୍ୟକୌଶଳ

Francois Maurise ଙ୍କ ଉକ୍ତି ତାଙ୍କ ପ୍ରତି ପ୍ରଯୁଜ୍ୟ-

'A critique of criticism ପ୍ରସଙ୍ଗରେ ସେ ଲେଖିଛନ୍ତି'- "A good critic is the soucerer who makes some hidden string qush forth unexpectedly under our feet." - Thoughts

ପଣ୍ଡିତ ନୀଳମଣି ମିଶ୍ର:

ପୁସ୍ତକ : କବି ଜଗନ୍ନାଥ ପାଣି, ଓଡ଼ିଆ ଲିପି, ଭାଷା ଓ ସାହିତ୍ୟ, ଓଡ଼ିଆ କବି ଓ କାବ୍ୟ, ଭକ୍ତ କବି ସାଲବେଗ ଜୀବନୀ ଓ ଭଜନାବଳୀ।

ଡ. ବେଣୀମାଧବ ପାଢ଼ୀ:

ପୁସ୍ତକ : ଦାରୁ ଦେବତା, ଧୀ ଓ ଧୀକ୍ଷଣା, ଭଞ୍ଜୀୟ କାବ୍ୟଭାବନା।

ଡ. ଦେବେନ୍ଦ୍ର ମହାନ୍ତି:

ପୁସ୍ତକ: ଓଡ଼ିଆ ସାହିତ୍ୟର ଉନ୍ମେଷ ଓ ଉଦ୍ଭରଣ, ଯୁଗଜ୍ୟୋତି ରାଧାନାଥ, ଓଡ଼ିଆ ଭାଷା ଓ ସାହିତ୍ୟ, ଓଡ଼ିଆ ଶବ୍ଦ ସମ୍ଭାର।

ଡ. ରବୀନ୍ଦ୍ର କୁମାର ପ୍ରହରାଜ:

ପୁସ୍ତକ : ଓଡ଼ିଆ ଗାଥା କାବ୍ୟ।

(୩)ନାନ୍ଦନିକ ସମାଲୋଚନା:

ଡ.ମାୟାଧର ମାନସିଂହ:

ପୁସ୍ତକ : ଓଡ଼ିଆ ସାହିତ୍ୟର ଇତିହାସ, ମାଟିର ମହାକବି ସାରଳା ଦାସ, ଓଡ଼ିଆ ସମାଜ ଓ ସାହିତ୍ୟ, କବି ଓ କବିତା (ସୃଜନାତ୍ମକ ସମାଲୋଚନା କ୍ଷେତ୍ରରେ ଅବିସ୍ମରଣୀୟ ସମାଲୋଚକ)

ଡ. ଗୋପୀନାଥ ମହାନ୍ତି:

ପୁସ୍ତକ : କଳାଶକ୍ତି।

ଡ. କୁଞ୍ଜ ବିହାରୀ ଦାଶ:

ପୁସ୍ତକ : ସମାଲୋଚନା, ଜୀବନାୟନ, କବି କାହାଣୀ।

ସୌରୀନ୍ଦ୍ର ବାରିକ:

ପୁସ୍ତକ : ଚେତନାର ଚୌହଦି, ଅନ୍ବେଷାର ସ୍ବର।

(୪) ସମାଜତାନ୍ତ୍ରିକ ସମାଲୋଚନା :

(୧୯୩୬ ମସିହା ପରେ ଏହି ପ୍ରକାର ସମାଲୋଚନାର ବିକାଶ ଘଟିଛି । ମୁଖ୍ୟତଃ ଆଧୁନିକ ପତ୍ରପତ୍ରିକା ପ୍ରକାଶ ଯୋଗୁଁ ଏହା ସମ୍ଭବ ହୋଇଛି)

ଚିତ୍ତରଞ୍ଜନ ଦାସ :

ପୁସ୍ତକ : ଅଚ୍ୟୁତାନନ୍ଦ ଓ ପଞ୍ଚସଖା, ଓଡ଼ିଶାର ମହିମା ଧର୍ମ, ଓଡ଼ିଆ ସାହିତ୍ୟର ସାଂସ୍କୃତିକ ବିକାଶ ଧାରା, ସନ୍ତ ସାହିତ୍ୟ ।

ଚିତ୍ତରଞ୍ଜନଙ୍କ ମତରେ – "ସାହିତ୍ୟ କେବଳ ସଭାର ନୁହେଁ ସାହିତ୍ୟ ସର୍ବଜନର, ସମ୍ମିଳନର ଓ ସହୃଦୟତାର ।"

ସଚ୍ଚି ରାଉତରାୟ :

ପୁସ୍ତକ : ସାହିତ୍ୟ ବିଚାର ଓ ମୂଲ୍ୟବୋଧ, ସାହିତ୍ୟର ମୂଲ୍ୟବୋଧ ।

ରବି ସିଂ :

ପୁସ୍ତକ : ସଂସ୍କୃତିର ବୈପ୍ଲବିକ ମୂଲ୍ୟବୋଧ ।

(୫) ତୁଳନାମୂଳକ ସମାଲୋଚନା :

ଗିରିଜାଶଂକର ରାୟ :

ପୁସ୍ତକ : ସାହିତ୍ୟ ସନ୍ଦର୍ଭ, ରଚନା ବିଚାର, ଓଡ଼ିଆ ନାଟ୍ୟକଳା, ସରଳ ଭାଷା କବିତା । ଗିରିଜାଶଙ୍କର ରାୟ ତୁଳନାମୂଳକ ସମାଲୋଚନା କ୍ଷେତ୍ରରେ ପ୍ରଥମ ଓଡ଼ିଆ ସମାଲୋଚକ ।

ଅଧ୍ୟାପକ ଚିନ୍ତାମଣି ବେହେରା :

ପୁସ୍ତକ : କାବ୍ୟ ଓ କଳାକାର, ଆଧୁନିକତାର କ ଖ ଓ ଅନ୍ୟାନ୍ୟ ଆଲୋଚନା, କଳାଦୃଷ୍ଟି ।

ଦାଶରଥୀ ଦାସ :

ପୁସ୍ତକ: କାବ୍ୟସମ୍ବାଦ, ଚିହ୍ନା ମାଟି ଅଚିହ୍ନା ଆକାଶ (ସୀତାକାନ୍ତଙ୍କ ସାହିତ୍ୟ

ସଂପର୍କରେ), ମୃତ୍ୟୁଲୋକରେ ରିତୁ ସପ୍ତମ (ରମାକାନ୍ତଙ୍କ ସାହିତ୍ୟ ସଂପର୍କରେ), ଆଧୁନିକ କାବ୍ୟ ଜିଜ୍ଞାସା: ଚିତ୍ରକଣ୍ଠ, କବିସୂର୍ଯ୍ୟ କାବ୍ୟବିଭା, ବିବିଧ ସମାଲୋଚନା ।

ଦାଶରଥୀ ଦାସଙ୍କ ସଂପର୍କରେ H.L. Mencker ଙ୍କ ଉକ୍ତି ପ୍ରଯୁଜ୍ୟ–

"The critic to interest his artiest, must be able to get in to the mind of his artiest, he must feel and comprehand the vast pressure of the ceative passion." - Prejudices

ଡ. ଶ୍ରୀନିବାସ ମିଶ୍ର:

ପୁସ୍ତକ : ଆଧୁନିକ ଓଡ଼ିଆ ଗଦ୍ୟ ସାହିତ୍ୟ, ସାହିତ୍ୟ କଥା ।

ଡ. ସୀତାକାନ୍ତ ମହାପାତ୍ର:

ପୁସ୍ତକ : ଭିନ୍ନ ଆକାଶ ଭିନ୍ନ ଦୀପ୍ତି ।

ଡ. ଗୋପାଳ ଚନ୍ଦ୍ର ମିଶ୍ର:

ପୁସ୍ତକ : ଆଧୁନିକ ଓଡ଼ିଆ ସାହିତ୍ୟର ଗତିପଥ, ଆଧୁନିକ ସାହିତ୍ୟ ଓ ସାହିତ୍ୟକାର, ଚଳିତ ଶତାବ୍ଦୀ ଭାରତୀୟ ସାହିତ୍ୟ

ଡ. ନରେନ୍ଦ୍ର ନାଥ ମିଶ୍ର:

ପୁସ୍ତକ : ଆଧୁନିକ ଓଡ଼ିଆ କାବ୍ୟଧାରା, ବଳରାମ ଦାସ ଓ ଓଡ଼ିଆ ରାମାୟଣ, ଆଧୁନିକ ଓ ଆଧୁନିକ ସାହିତ୍ୟ, ଆଧୁନିକ ଓଡ଼ିଆ କଥା ସାହିତ୍ୟ, ଓଡ଼ିଆ ଭାଷା ଓ ସାହିତ୍ୟ: ଏକ ଅଧ୍ୟୟନ ।

ଡ. ନିତ୍ୟାନନ୍ଦ ଶତପଥୀ:

ପୁସ୍ତକ : ସବୁଜରୁ ସାଂପ୍ରତିକ, କବିତା ଯୁଗେ ଯୁଗେ, ଗଣ୍ଡ ଓ ଗାନ୍ଧିକ, ପ୍ରମୁଖ କବି କତିପୟ ।

ଡ. ଶରତ ଚନ୍ଦ୍ର ପ୍ରଧାନ:

ପୁସ୍ତକ : ମଧୁ ସୃଷ୍ଟି ଅମୂର୍ତ ସୃଷ୍ଟି, କାବ୍ୟଧାରା ଓ କବିମାନସ, ସାହିତ୍ୟବାର୍ତ୍ତା ।

ଡ. ଗଗନେନ୍ଦ୍ର ଦାସ :

ପୁସ୍ତକ : ଜନଶ୍ରୁତି କାଞ୍ଚିକାବେରୀ, ଖାଦ୍ୟୋତର ଦ୍ୟୁତି, ଓଡ଼ିଆ ଭାଷା ଚର୍ଚ୍ଚାର ପ୍ରଂରପରା ।

ଡ. ମଧୁସୂଦନ ପତି :

ପୁସ୍ତକ : ଅନୁଶୀଳନ (ମଧୁସୂଦନ ଓ ଗଙ୍ଗାଧରଙ୍କ ନବମୂଲ୍ୟାୟନ)

(ଏ) ଆନ୍ତର୍ବିଦ୍ୟା ଭିତ୍ତିକ ସମାଲୋଚନା (Inter disciplinary criticism)

ସାହିତ୍ୟରେ ଦର୍ଶନ, ଇତିହାସ, ଧର୍ମ, ନୃତତ୍ତ୍ୱ, ସମାଜ ବିଜ୍ଞାନ ଆଦି ବିବିଧ ଦିଗରୁ ଏହି ସମାଲୋଚନାରେ ଆଲୋଚନା କରାଯାଇଥାଏ ।

ସୁରେନ୍ଦ୍ର ମହାନ୍ତି :

ପୁସ୍ତକ : ଫକୀର ମୋହନ ସାହିତ୍ୟ ସମୀକ୍ଷା, ଓଡ଼ିଆ ସାହିତ୍ୟର ଆଦିପର୍ବ, ଓଡ଼ିଆ ସାହିତ୍ୟର ମଧ୍ୟପର୍ବ, ଓଡ଼ିଆ ସାହିତ୍ୟର କ୍ରମବିକାଶ ।

ସୁରେନ୍ଦ୍ର ମହାନ୍ତିଙ୍କ ସଂପର୍କରେ William Faulkner ଙ୍କ ଉକ୍ତି ପ୍ରଯୁଜ୍ୟ–

"The artist is a cut about the critic for the artist is writing something which will move the critic. The critic is writing something which will move everybody but the artist."

ଯତୀନ୍ଦ୍ର ମୋହନ ମହାନ୍ତି :

ପୁସ୍ତକ : ନୂତନ ସମାଲୋଚନା ।

ଡ. କାହ୍ନୁ ଚରଣ ମିଶ୍ର :

ପୁସ୍ତକ : ଓଡ଼ିଆ ସାହିତ୍ୟରେ ଧର୍ମଧାରା, ଆଲୋଚନାମାଳା, ନୂତନ ସମୀକ୍ଷା, ଓଡ଼ିଶୀ ବୈଷ୍ଣବ ଧର୍ମ, ଦୃଷ୍ଟି ଓ ସୃଷ୍ଟି, ବିଦଗ୍ଧ କବି ଅଭିମନ୍ୟୁ, ସନ୍ତକବି ଭୀମଭୋଇ ।

ଡ. ଖଗେଶ୍ୱର ମହାପାତ୍ର :

ପୁସ୍ତକ : ସମାଲୋଚନା ଦିଗଦିଗନ୍ତ, ଓଡ଼ିଆ ଲିପି ଓ ଭାଷା, ଦକ୍ଷିଣାଞ୍ଚଳୀୟ ଓଡ଼ିଆ, ପ୍ରତ୍ନ ଓଡ଼ିଆ ।

ଡ. କୃଷ୍ଣ ଚରଣ ସାହୁ:

ପୁସ୍ତକ : କହେ କୃଷ୍ଣ ଦାସ କବି, ପ୍ରାଚୀ ସାହିତ୍ୟ, ମଧ୍ୟକାଳୀନ ସାହିତ୍ୟ, ବ୍ରହ୍ମାଣ୍ଡ ଭୂଗୋଳ, ଜଗମୋହନ ରାମାୟଣ, ଚଣ୍ଡୀପୁରାଣର ଶୁଦ୍ଧ ସଂସ୍କରଣ ।

ଡ. କୃଷ୍ଣ ଚରଣ ବେହେରା:

ପୁସ୍ତକ: ଓଡ଼ିଆ ଉପନ୍ୟାସ, ପ୍ରଗତୀ ସାହିତ୍ୟ, କଥା ସାହିତ୍ୟ, ଅଶ୍ଲୀଳତା ବିପକ୍ଷରେ । 'ମୋଗଲ ତାମସା'ର ଆବିଷ୍କାର ଓ ସମ୍ପାଦନା ତାଙ୍କର ବିଶିଷ୍ଟ ଉଦ୍ୟମ ।

ଡ. ଅସିତ କବି:

ପୁସ୍ତକ : ଓଡ଼ିଆ ପ୍ରବନ୍ଧ ସାହିତ୍ୟର ଇତିହାସ, ଫକୀର ମୋହନଙ୍କ କୃତୀରେ ସମକାଳୀନ ସମାଜ ଚିତ୍ର, ଓଡ଼ିଆ ସମାଲୋଚନା ସାହିତ୍ୟର ଇତିହାସ ।

ଡ. ବୃନ୍ଦାବନ ଚନ୍ଦ୍ର ଆଚାର୍ଯ୍ୟ:

ପୁସ୍ତକ : ଓଡ଼ିଆ ସାହିତ୍ୟର ସଂକ୍ଷିପ୍ତ ପରିଚୟ, ସତ୍ୟବାଦୀ ଯୁଗ, ରସିକ ଭକ୍ତ ଅଭିମନ୍ୟୁ ।

ଡ. ଦେବୀପ୍ରସନ୍ନ ପଟ୍ଟନାୟକ:

ପୁସ୍ତକ : ସାହିତ୍ୟ ବୀକ୍ଷା, ଓଡ଼ିଆ ଭାଷା ଓ ଭାଷା ବିଜ୍ଞାନ ।

ବାଳକୃଷ୍ଣ ଶତପଥୀ:

ପୁସ୍ତକ : ସେନାପତି ଫକୀର ମୋହନଙ୍କ ଚରିତ୍ର ସୃଷ୍ଟି, କୃତୀ ଓ କାର୍ଯ୍ୟ ।

(୭) ମନସ୍ତାତ୍ତ୍ୱିକ, ଶୈଳୀତାତ୍ତ୍ୱିକ, ସ୍ଟ୍ରକ୍ଚରାଲିଜିମ୍:
ଡ. ବାସୁଦେବ ସାହୁ:

ପୁସ୍ତକ : ଭାଷ ବିଜ୍ଞାନର ରୂପରେଖ, ଭାଷା ବିଜ୍ଞାନ ଓ ଭାଷା ବିଜ୍ଞାନୀ, ଓଡ଼ିଆ ସାହିତ୍ୟର ସୃଷ୍ଟି ସଂପଦ, ସାହିତ୍ୟିକ ଦିଗ୍‌ଦର୍ଶନ ।
ଡ. ଧନେଶ୍ୱର ମହାପାତ୍ର:

ପୁସ୍ତକ : ସାହିତ୍ୟ ତତ୍ତ୍ୱ ଓ ଶବ୍ଦ ସମ୍ଭାର, ସାରଳା ମହାଭାରତର ଭାଷାତାତ୍ତ୍ୱିକ ଅନୁଶୀଳନ ।

ଓଡ଼ିଆ ସମାଲୋଚନା ସାହିତ୍ୟ କ୍ଷେତ୍ରରେ ମନସ୍ତାତ୍ତ୍ୱିକ ଓ ସ୍ଟ୍ରାକ୍‌ଚରାଲିଜିମ୍ ଆଲୋଚନାର କ୍ଷେତ୍ର ଏ ପର୍ଯ୍ୟନ୍ତ ବିସ୍ତୃତ ହୋଇନାହିଁ। କିନ୍ତୁ ଏହା ନିଷ୍ଟିତ ଯେ ଓଡ଼ିଆ ସାହିତ୍ୟ ଆଲୋଚକଗଣ ଅତି ଉନ୍ନତ, ବୌଦ୍ଧିକ ସମାଲୋଚନାର କ୍ଷେତ୍ର ପ୍ରସ୍ତୁତ କରିଛନ୍ତି।

ଓଡ଼ିଆ ସମାଲୋଚନା ସାହିତ୍ୟ : ପତ୍ରପତ୍ରିକାର ଅବଦାନ

ଓଡ଼ିଆ ସମାଲୋଚନା ସାହିତ୍ୟ ବିକାଶରେ ପତ୍ରପତ୍ରିକାର ଭୂମିକା ଗୁରୁତ୍ୱପୂର୍ଣ୍ଣ । ଯଦିଓ ପଡ଼ୋଶୀ ପଶ୍ଚିମ ବଙ୍ଗର ପତ୍ରପତ୍ରିକ ପ୍ରକାଶିତ ହେବାର ଦୀର୍ଘ ୭୦ ବର୍ଷ ପରେ ଓଡ଼ିଆ ପତ୍ରପତ୍ରିକା ଆତ୍ମପ୍ରକାଶ କଲା, ତଥାପି ବିଳମ୍ବ ହେଲେ ମଧ୍ୟ ଓଡ଼ିଆ ସାହିତ୍ୟର ବିକାଶ ନିମନ୍ତେ ସୁଚିନ୍ତିତ ଓ ସମୟୋପଯୋଗୀ ଅଭିମତ ଓ ଆଲୋଚନା ପ୍ରକାଶ ସମାଲୋଚନା ସାହିତ୍ୟକୁ କ୍ରମଶଃକ୍ରିଶାଳୀ ଓ କୌଶଳ ବିମଣ୍ଡିତ କରିଥିଲା ।

ଉତ୍କଳ ଦୀପିକା (୦୪.୦୮.୧୮୬୬) – ପ୍ରଥମ ଓଡ଼ିଆ ସାପ୍ତାହିକ ସମ୍ବାଦପତ୍ର

ପ୍ରକାଶ ସ୍ଥାନ :   କଟକ ପ୍ରିଣ୍ଟିଂ କମ୍ପାନୀ

ସଂପାଦକ   :   କର୍ମଯୋଗୀ କୌରୀ ଶଙ୍କର ରାୟ

ଉତ୍କଳ ଦୀପିକା ସଂପର୍କରେ ଫକୀର ମୋହନ ଉଲ୍ଲେଖ କରିଛନ୍ତି–

“ହେ ଗୌରୀଶଙ୍କର ଧନ୍ୟ ତୁମ୍ଭର ସାହସ

ଦୀପିକା ଲେଖୁଛ ବସି ତିରିଶ ବରଷ

ନ ମାନି ବିପଦ ବାଧା ନ ଚାହିଁ ଦେହକୁ

ମାନ ପ୍ରାଣ ସମରପି ପାଳିଛ ବ୍ରତକୁ

ଦେଖୁ ଦେଖୁ ଢେର ଦିନ ଜାଣିଛି ବିଶେଷ

ଅଟ ତୁମ୍ଭେ ଜଣେ man of business ।”

–ଫକୀର ମୋହନ/ଉତ୍କଳ ଭ୍ରମଣଂ

ଉତ୍କଳ ଦୀପିକାରେ ‘ପ୍ରାପ୍ତ’ ଶିରୋନାମାରେ ଗୌରୀ ଶଙ୍କର–ଭରତ ଚନ୍ଦ୍ରଙ୍କ ‘ବିଦ୍ୟା ସୁନ୍ଦର’ ସହିତ ଦୀନକୃଷ୍ଣଙ୍କ ‘ରସକଲ୍ଲୋଲ’ର ତୁଳନାତ୍ମକ ଅଧ୍ୟୟନ କରିଛନ୍ତି ।

ଉପେନ୍ଦ୍ର ଭଞ୍ଜଙ୍କ ୫୨ ଖଣ୍ଡ ପୁସ୍ତକ ସଂପର୍କରେ ମତବ୍ୟକ୍ତ କରିବାକୁ ଯାଇ ଉପେନ୍ଦ୍ରଙ୍କ ପ୍ରତି ହତାଦର ଭାବନାକୁ ଗ୍ରହଣ କରିନାହାନ୍ତି ।

‘ଉତ୍କଳ ଦୀପିକା’ ରେ ଦ୍ୱାରିକାନାଥ ଚକ୍ରବର୍ତ୍ତୀଙ୍କ ବିଜ୍ଞାନ ଶାସ୍ତ୍ର ସମ୍ବନ୍ଧୀୟ

'ଜଡ଼ ବିଜ୍ଞାନ' ଓ ଚନ୍ଦ୍ରନାଥ ରାୟଙ୍କ ଦ୍ୱାରା ଈଶ୍ୱର ଚନ୍ଦ୍ର ବିଦ୍ୟାସାଗରଙ୍କ 'ଆଖ୍ୟାନମଞ୍ଜରୀ'ର ଅନୁବାଦ ପୁସ୍ତକ ଉପରେ ସମାଲୋଚନା ପ୍ରକାଶ ପାଇଥିଲା ।

'ବାବାଜୀ' ନାଟକ ସମ୍ପର୍କରେ 'ଉତ୍କଳ ଦୀପିକା'ରେ ଗୌରୀଶଙ୍କର ମତବ୍ୟକ୍ତ କରିଥିଲେ– "ଇଂରାଜୀ ସଂସ୍କୃତ ନାଟକର ଲକ୍ଷଣ ଅନୁସାରେ ଏହାକୁ ପ୍ରକୃତ ନାଟକ ବୋଲିବାକୁ ମନ ବଳୁନାହିଁ ।"

ବାଲେଶ୍ୱର ସମ୍ୱାଦବାହିକା (୧୮୬୮)

ପ୍ରକାଶ ସ୍ଥାନ : ଉତ୍କଳ ପ୍ରିଣ୍ଟିଂ କୋ, ବାଲେଶ୍ୱର

ସଂପାଦକ : ଫକୀର ମୋହନ ସେନାପତି, ଗୋବିନ୍ଦ ଚନ୍ଦ୍ର ପଟ୍ଟନାୟକ

ବାଲେଶ୍ୱର ସମ୍ୱାଦବାହିକା ଦୁଇ ଭାଗରେ ବିଭକ୍ତ ହୋଇଥିଲା । ପ୍ରଥମ ଭାଗରେ 'ସମ୍ୱାଦ' ଓ ଦ୍ୱିତୀୟ ଭାଗରେ 'ବୋଧଦାୟିନୀ' ନାମରେ ସାହିତ୍ୟ ପ୍ରକାଶ ପାଉଥିଲା ।

ଉତ୍କଳ ଦର୍ପଣ (୧୮୭୩) ଓଡ଼ିଶାର ପ୍ରଥମ ମାସିକ ପତ୍ରିକା

ସଂପାଦକ : ଇନ୍ଦ୍ର ବଲ୍ଲଭ ଭଟ୍ଟାଚାର୍ଯ୍ୟ

ଏଥିରେ ରାଧାନାଥଙ୍କ ବିବେକୀ, ଇତାଲୀୟ ଯୁବା; ମଧୁସୂଦନଙ୍କ ଉଲକା ପିଣ୍ଡ, ବୁଦ୍ଧ ଦେବ ପ୍ରକାଶ ପାଇଥିଲା ।

ଉତ୍କଳ ଦର୍ପଣରେ ଜଗନ୍ମୋହନ ଲାଲା, ଫକୀର ମୋହନ ସେନାପତି, ନୀଳମଣି ବସାକ ପ୍ରଭୃତିଙ୍କ ପୁସ୍ତକ ଉପରେ ବ୍ୟାପକ ଆଲୋଚନା କରାଯାଇଥିଲା । ଉତ୍କଳ ଦର୍ପଣରେ ତା ୦୭.୦୭.୧୮୮୨ ସଂଖ୍ୟାରେ ୧୦୫ ପୃଷ୍ଠରେ ପ୍ରକାଶ ପାଇଥିଲା– ଆମେରିକାର ଜଣେ ବିବାହିତ ମହିଳା ଆପଣାର ସମ୍ୱନ୍ଧୀୟାର ବିବାହ ଉପଲକ୍ଷେ ଏକ ରେଶମୀ କନାରେ ଛାଞ୍ଚୁଣି ବାନ୍ଧି ଉପହାର ଦେଇଥିଲେ ଏବଂ ତାହାକୁ ଆବଶ୍ୟକ ବେଳେ କାର୍ଯ୍ୟରେ ଲଗାଇବାକୁ କହିଥିଲେ । ଫକୀର ମୋହନ ଏହାର ପ୍ରଭାବରେ 'ପେଟେଣ୍ଟ ମେଡିସିନ୍' ରଚନା କରିଥିବାର ଅନୁମେୟ ।

ଉତ୍କଳ ପୁତ୍ର (୧୮୭୩)

ପ୍ରକାଶ ସ୍ଥାନ : କଟକ

ସଂପାଦକ : ପ୍ୟାରୀମୋହନ ମହାପାତ୍ର

ଏଥିରେ ବହୁ ସମାଲୋଚନାମୂଳକ ଲେଖାମାନ ପ୍ରକାଶ ପାଇଥିଲା ।

ଉତ୍କଳ ମଧୁପ (୧୮୭୮)

ପ୍ରକାଶ ସ୍ଥାନ :   କଟକ (ଉତ୍କଳ ପ୍ରିଣ୍ଟିଂ କମ୍ପାନୀ)

ସଂପାଦକ   :   କୃଷ୍ଣମୋହନ ପଟ୍ଟନାୟକ

୧୮୭୭ ରେ କଟକ ଠାରେ 'ଉତ୍କଳ ସଭା' ଗଠନ ହେଲା। ଏହାର ସଂପାଦକ ଥିଲେ ଗୋପାଳ ଚରଣ ଦତ୍ତ। ଉତ୍କଳ ସଭାର ମୁଖପତ୍ର ଭାବେ ଏପ୍ରିଲ ୧୮୭୮ ରେ ଏହି ପତ୍ରିକା ପ୍ରକାଶିତ ହେଲା।

'ଉତ୍କଳ ମଧୁପ' ସଂପର୍କରେ ରାଧାନାଥଙ୍କ ଏକ ଉକ୍ତି ପ୍ରତି ସଂଖ୍ୟାରେ ବାହାରୁଥିଲା–

"ଜ୍ଞାନର ପେଡ଼ା ସଭିଙ୍କି ଲୋଡ଼ା
ସଭିଏଁ ଖାଇବେ ଥୋଡ଼ା ଥୋଡ଼ା।"

ଏହା ଭଞ୍ଜ ସାହିତ୍ୟ ବିରୋଧୀ ପତ୍ରିକା। ରାଧାନାଥ ଓ ଉପେନ୍ଦ୍ର ଭଞ୍ଜଙ୍କୁ କେନ୍ଦ୍ର କରି ଆଧୁନିକ ଓ ପ୍ରାଚୀନ ସାହିତ୍ୟ ସଂଘର୍ଷର ଯେଉଁ ସୂତ୍ରପାତ ହୋଇଥିଲା, ତାହା ପ୍ରଥମ କରି 'ଉତ୍କଳ ମଧୁପ' ପତ୍ରିକାରୁ ଆରମ୍ଭ ହୋଇଥିଲା।

'ଉତ୍କଳ ମଧୁପ'ର 'ଲାବଣ୍ୟବତୀ' ଓ 'କୋଟି ବ୍ରହ୍ମାଣ୍ଡ ସୁନ୍ଦରୀ'ର ଅଶ୍ଲୀଳତା ପ୍ରସଙ୍ଗ ଉତ୍ଥାପନ କରାଯାଇ ସମାଲୋଚନା କରାଯାଇଥିଲା।

'ଉତ୍କଳ ମଧୁପ' ରାମ ଶଙ୍କର ରାୟଙ୍କ 'ସୌଦାମିନୀ' ଉପନ୍ୟାସ, ମଧୁସୂଦନଙ୍କ 'ଜୀବନ ଚିନ୍ତା' କବିତା, ପ୍ୟାରୀମୋହନଙ୍କ 'ଓଡ଼ିଶାର ଇତିହାସ' ପ୍ରକାଶ ପାଇଥିଲା। 'ଉତ୍କଳ ମଧୁପ'ର ମୂଲ୍ୟ ଥିଲା ବର୍ଷକୁ ଦେଢ଼ ଟଙ୍କା।

ଶିକ୍ଷାବନ୍ଧୁ (୧୮୮୫)– ଶିକ୍ଷା ବିଷୟକ ମାସିକ ପତ୍ରିକା

ପ୍ରକାଶ ସ୍ଥାନ :   କଟକ

ସଂପାଦକ   :   ଯୋଗେନ୍ଦ୍ର ନାଥ ଜେନା

ବାର୍ଷିକ ମୂଲ୍ୟ :   ୧ ଟଙ୍କା।

୧୮୮୫ ରେ ଭାରତୀୟ ଜାତୀୟ କଂଗ୍ରେସର ପ୍ରତିଷ୍ଠା। ୧୮୮୫ ରେ 'ଶିକ୍ଷାବନ୍ଧୁ'ର ପ୍ରକାଶ। 'ଉତ୍କଳ ଦୀପିକା'ରେ ଏହାର ପ୍ରକାଶ ସମ୍ବନ୍ଧୀୟ ବିଜ୍ଞାପନ ପ୍ରକାଶିତ ହୋଇଥିଲା।

ରାଧାନାଥଙ୍କ ସପକ୍ଷବାଦୀ ଦ୍ୱିତୀୟ ପତ୍ରିକା। ଏଥିରେ ମଧୁସୂଦନଙ୍କ 'ଆକାଶ ପ୍ରତି', 'ଜୀବନ ଚିନ୍ତା'; ରାଧାନାଥଙ୍କ 'ଚନ୍ଦ୍ରଭାଗା' କବ୍ୟର ସମାଲୋଚନା ପ୍ରକାଶ ପାଇଥିଲା।

୧୮୮୬ରେ 'ଶ୍ରୀ ଦାରୁବ୍ରହ୍ମ' ଶୀର୍ଷକ ଶ୍ରୀଜଗନ୍ନାଥଙ୍କ ସଂପର୍କରେ ଗଦ୍ୟରେ ଆଲୋଚନା ପ୍ରକାଶ ପାଇଥିଲା। ଜଗନ୍ନାଥଙ୍କ ସମ୍ବନ୍ଧୀୟ ଏହା ପ୍ରଥମ ଆଲୋଚନା।

'ଶିକ୍ଷାବନ୍ଧୁ' ଓଡ଼ିଆ କବିତା କ୍ଷେତ୍ରରେ ପ୍ରଥମ ପ୍ରାୟୋଗିକ ସମାଲୋଚନା (ପ୍ରାକ୍ଟିକାଲ କ୍ରିଟିସିଜିମ୍)ର ଜନ୍ମଦାତା। 'ଶିକ୍ଷାବନ୍ଧୁ'ର ପରବର୍ତ୍ତୀ ସଂସ୍କରଣ ହେଉଛି 'ନବ ସମ୍ବାଦ'।

ନବସମ୍ବାଦ (୨୩ ଜାନୁଆରୀ ୧୮୮୭)

        ପ୍ରକାଶ ସ୍ଥାନ : ଭିକ୍ଟୋରିଆ ପ୍ରେସ୍, କଟକ

        ସଂପାଦକ : ଭୁପତି ନାଥ ବସୁ, ସାଧୁଚରଣ ରାୟ

        ବାର୍ଷିକ ମୂଲ୍ୟ : ଟ ୧.୫ ୦ଙ୍କା।

ମଧୁସୂଦନ ରାଓ 'ନବ ସମ୍ବାଦ' ନାମରେ ଏକ କବିତା ଲେଖି ପ୍ରଥମ ସଂଖ୍ୟାରେ ପ୍ରକାଶ କରିଥିଲେ। ଏଥିରେ ମଧୁସୂଦନଙ୍କ 'ଜୀବନ ଚିନ୍ତା', 'ଆକାଶ ପ୍ରତି'ର

ସମାଲୋଚନା ପ୍ରକାଶ ପାଇଥିଲା। ଜଗନ୍ମୋହନ ଲାଲାଙ୍କ 'ସତୀ' ନାଟକର ସମାଲୋଚନା ରାଧାନାଥଙ୍କ 'ନନ୍ଦିକେଶରୀ' କାବ୍ୟର ସମାଲୋଚନା, ମଧୁସୂଦନଙ୍କ 'କବିତା ବଳୀ' ଓ 'ପ୍ରବନ୍ଧ ମାଲା' ପୁସ୍ତକର ସମାଲୋଚନା ମଧ ପ୍ରକାଶିତ ହୋଇଥିଲା।

'ଉକ୍ରଳର କବିତା ଓ କବି' ଶୀର୍ଷକରେ ବଳରାମ, ଜଗନ୍ନାଥ, ଦୀନକୃଷ୍ଣ, ଉପେନ୍ଦ୍ର ଭଞ୍ଜ, କବିସୂର୍ଯ୍ୟ ପ୍ରମୁଖଙ୍କ ପ୍ରାଚୀନ କବିତା ସଂପର୍କରେ ଦୀର୍ଘ ସମାଲୋଚନା ପ୍ରକାଶ ପାଇଥିଲା।

'ନବ ସମ୍ବାଦ'ରେ ବ୍ରାହ୍ମ ଦର୍ଶନକୁ ଆଧାର କରି ଲେଖକମାନେ ଲେଖାମାନ ପ୍ରକାଶ କରିଥିଲେ। ଆର୍ଥିକ ଦୁରାବସ୍ଥା ଯୋଗୁଁ ଏହା ବନ୍ଦ ହୋଇ ପରବର୍ତ୍ତୀ କାଲରେ ବାଲେଶ୍ୱରରୁ 'ଓଡ଼ିଆ ଓ ନବସମ୍ବାଦ' ଶୀର୍ଷକରେ ପ୍ରକାଶିତ ହେଲା।

ଓଡ଼ିଆ ଓ ନବସମ୍ବାଦ (୪ ଜାନୁଆରୀ ୧୮୮୮)

        ପ୍ରକାଶ ସ୍ଥାନ : ବାଲେଶ୍ୱର ଦେ'ଙ୍କ 'ଉକ୍ରଳ ପ୍ରେସ୍'

        ପୃଷ୍ଟପୋଷକ : ରାଜା ବୈକୁଣ୍ଠ ନାଥ ଦେ

        ପୂର୍ବରୁ ବାଲେଶ୍ୱରରୁ 'ଓଡ଼ିଆ' ନାମକ ଏକ ପତ୍ରିକା ୨୬ ଅକ୍ଟୋବର

୧୮୭ରୁ ବାହାରୁ ଥିଲା । ପତ୍ରିକାଟିକୁ 'ଜଗନ୍ନାଥ ପତ୍ରିକା' କୁହାଯାଉଥିଲା । ଏହାର ଶୀର୍ଷରେ ଲେଖାଯାଉଥିଲା Devoted for the welfare of piligrims visiging Jagannath via Chandbali । 'ଓଡ଼ିଆ' ବାହାରିବାର ନଅ ମାସ ପୂର୍ବରୁ 'ନବସମ୍ବାଦ' ପ୍ରକାଶ ପାଇଥିଲା । 'ନବସମ୍ବାଦ' ବନ୍ଦ ହୋଇଯିବାରୁ 'ଓଡ଼ିଆ' ଓ 'ନବସମ୍ବାଦ' ମିଶି 'ଓଡ଼ିଆ ଓ ନବସମ୍ବାଦ' ରୂପରେ ନୂତନ କଲେବର ଧାରଣ କଲା ।

ଏଥିରେ ରାମବନବାସ, ତୁଳସୀ ସ୍ତବକ, ବିବାସିନୀ, ସୀତାବିବାହ ପ୍ରଭୃତିର ସମାଲୋଚନା ପ୍ରକାଶ ପାଇଥିଲା । ଶ୍ରୀ ଗୋପାଳ ଚନ୍ଦ୍ର ପ୍ରହରାଜଙ୍କ କଟକ ଜିଲ୍ଲାର ଶ୍ରୀ ରଘୁନାଥ ପୁରୀଙ୍କ କୋଠପଦା ସ୍ଥାୟୀ ରଙ୍ଗମଞ୍ଚ ସଂପର୍କରେ ଆଲୋଚନା ଏଥିରେ ପ୍ରକାଶ ପାଇଥିଲା । ଏଥିରେ ମଧ୍ୟ 'ବୈଦେହୀଶ ବିଳାସ'ର ଚରିତ୍ରମାନଙ୍କର ସ୍ୱାଭାବିକ ବିକାଶ, ଭାବର ଉଚ୍ଛ୍ବାସ, ଭାଷାର ନିର୍ବ୍ବରୋଧ ଗତି ପ୍ରଭୃତିର ଅଭାବ ବୋଲି ସମାଲୋଚନା କରାଯାଇଥିଲା । କାମପାଳ ମିଶ୍ରଙ୍କ 'ଶିକ୍ଷା ଓ ସମାଲୋଚନା' ପ୍ରବନ୍ଧକୁ ଭିତ୍ତି କରି ଦୀର୍ଘ ଆଲୋଚନା ପ୍ରକାଶିତ ହୋଇଥିଲା । 'ଓଡ଼ିଆ ଓ ନବସମ୍ବାଦ' ସମସାମୟିକ ଲେଖା ଓ ଲେଖକ ତଥା ତରୁଣ ଲେଖକଙ୍କୁ ଗୁରୁତ୍ୱ ଦେଇ ଆଲୋଚନା ପ୍ରକାଶ କରୁଥିଲେ । 'ଇନ୍ଦ୍ରଧନୁ' ଓ 'ବିଜୁଳି' ବିବାଦ ସଂପର୍କରେ ରାଧାନାଥଙ୍କ ସ୍ୱୀକାରୋକ୍ତିକୁ ଏଥିରେ ପ୍ରକାଶ କରାଯାଇଥିଲା–

"ମୋହ ଠାରୁ ଭଞ୍ଜଙ୍କର ଅଧିକ ଅନୁକାରୀ ପଦ୍ୟ ଲେଖକ ଓଡ଼ିଆରେ ବୋଧ ହୁଏ ଅଳ୍ପ ବାହାରିବେ ।"

– ରାଧାନାଥ ରାୟ

ଏହି ପତ୍ରିକାରେ ରାଧାନାଥଙ୍କ ସଂପର୍କରେ ବହୁ ଆଲୋଚନା– "Self condemnation of an illustrious man", ସ୍ୱର୍ଗୀୟ କବିବର ରାୟ ରାଧାନାଥ, ରାୟ ବାହାଦୁର, କବି ରାଧାନାଥ ଓ ଉକ୍ନଳବାସୀ, ରାଧାନାଥଙ୍କ ଜନ୍ମ ଉସ୍ବ ଆଦି ପ୍ରକାଶ ପାଇଥିଲା ।

୧୮୯୭ରେ ରେଭେନ୍ସା କଲେଜର ଅଧ୍ୟକ୍ଷ ହଲଓ୍ୱାର୍ଡ ସାହେବଙ୍କ ନିର୍ଦ୍ଦେଶନାରେ ରେଭେନ୍ସା ଛାତ୍ର ସଂସଦ ପକ୍ଷରୁ ଅନୁଷ୍ଠିତ 'ମାକେବେଥ୍' ନାଟକ ସଂପର୍କରେ ଆଲୋଚନା ମଧ୍ୟ ପ୍ରକାଶ ପାଇଥିଲା । ୧୯୧୩ରେ ରାଜା ବୈକୁଣ୍ଠ ନାଥ ଦେଙ୍କର ମୃତ୍ୟୁ ହେବାରୁ 'ଓଡ଼ିଆ ଓ ନବସମ୍ବାଦ' ଟିଷ୍ଟି ପାରିଲା ନାହିଁ ।

ସମ୍ବଲପୁର ହିତୈଷିଣୀ (୩୦ ମଇ ୧୮୮୯)

ପ୍ରକାଶ ସ୍ଥାନ :   ଜଗନ୍ନାଥ ବଲ୍ଲଭ ପ୍ରେସ୍, ବାମଣ୍ଡା ।

ପୃଷ୍ଠପୋଷକ   :   ବାମଣ୍ଡାର ରାଜା ସାର୍ ସୁବଳ ଦେବ।

ସଂପାଦକ   :   ନୀଳମଣି ବିଦ୍ୟାରତ୍ନ

ବାର୍ଷିକ ମୂଲ୍ୟ: ୧୯୨୩ ପର୍ଯ୍ୟନ୍ତ ୩୩୩ ବର୍ଷ ପ୍ରକାଶିତ ହୋଇଥିଲା।

'ସମ୍ବଲପୁର ହିତୈଷିଣୀ' ଭଞ୍ଜ ବିମୁଖ ଓ ରାଧାନାଥଙ୍କ ସପକ୍ଷବାଦୀ ପତ୍ରିକା। ଉପେନ୍ଦ୍ରଙ୍କ ସାହିତ୍ୟକୁ ସମାଲୋଚନା ଓ ରାଧାନାଥ ସାହିତ୍ୟର ଉତ୍କର୍ଷ ସଂପର୍କରେ ଏଥିରେ ଆଲୋଚନାମାନ ପ୍ରକାଶ ପାଇବା ସହିତ ଅମିତ୍ରାକ୍ଷର ଛନ୍ଦରେ ସମାଲୋଚନାମୂଳକ କବିତା ପ୍ରକାଶିତ ହେଉଥିଲା।

ସମ୍ବଲପୁର କଚେରୀରେ ହିନ୍ଦୀ ଭାଷାର ପ୍ରଚଳନ ଯୋଗୁଁ ଗଙ୍ଗାଧର ମେହେର ପ୍ରତିବାଦ ସ୍ୱରୂପ 'ଭାରତୀ ରୋଦନ' କବିତା ଏହି ପତ୍ରିକା ପ୍ରକାଶ କରି ଭାଷା ସୁରକ୍ଷା ଆନ୍ଦୋଳନକୁ ତୀବ୍ର କରିଥିଲା। ଯାହା ଫଳରେ ଫ୍ରେଜର ସାହେବଙ୍କ ସହାୟତାରେ ପୁଣି ଓଡ଼ିଆ ପ୍ରଚଳିତ ହେଲା।

ଉତ୍କଳପ୍ରଭା (ଏପ୍ରିଲ ୧୮୯୧)

ପ୍ରକାଶ ସ୍ଥାନ   :   ରାଜା ପ୍ରେସ୍, ବାରିପଦା, ମୟୂରଭଞ୍ଜ।

ପୃଷ୍ଠପୋଷକ   :   ମହାରାଜା ଶ୍ରୀରାମଚନ୍ଦ୍ର ଭଞ୍ଜ ଦେଓ।

ସଂପାଦକ   :   ଶ୍ରୀ ଚୈତନ୍ୟ ପ୍ରସାଦ ରାୟ, ଷଷ୍ଠ ସଂଖ୍ୟାଠାରୁ ଗୋପାଳ ଚନ୍ଦ୍ର ମହାପାତ୍ର, ନବମ ସଂଖ୍ୟାଠାରୁ ରାଜେଶ୍ୱର ମହାପାତ୍ର।

ବାର୍ଷିକ ମୂଲ୍ୟ :   ୨ଟଙ୍କା।

'ଉତ୍କଳ ପ୍ରଭା' ଓଡ଼ିଆର ପ୍ରଥମ ପତ୍ରିକା, ଯିଏ ଏଥିରେ ପ୍ରକାଶିତ ଲେଖାମାନଙ୍କର ସ୍ୱତ୍ୱାମାନଙ୍କୁ ପ୍ରଥମେ ପାରିତୋଷିକ ପ୍ରଦାନର ବ୍ୟବସ୍ଥା କରିଥିଲେ। 'ଉତ୍କଳ ପ୍ରଭା' ସଂପର୍କରେ ଫକୀର ମୋହନ ମତବ୍ୟକ୍ତ କରିଥିଲେ–

"ପ୍ରଭା ଉଦେ ଦେଖି କବିଏ ଭାବିଲେ ଯିବ ସବୁ ଆମ ଦୁଃଖ

ଲେଖିବୁ କବିତା ନେବୁ ଟଙ୍କା। ଗଣି ପଢ଼ିବେ ସକଳ ଲୋକ।"

– ନନାଙ୍କ ପାଣ୍ଠି

ଡ. ନଟବର ସାମନ୍ତରାୟଙ୍କ ଭାଷାରେ–

"ଓଡ଼ିଆ ସମାଲୋଚନାର ପ୍ରକୃତ ପରଂପରା ଗଢ଼ିଉଠେ 'ଉତ୍କଳ ପ୍ରଭା' ପ୍ରକାଶ ସମୟରୁ।"

ବିଜୟଚନ୍ଦ୍ର ମଜୁମଦାରଙ୍କ 'ସାହିତ୍ୟ ଚର୍ଚ୍ଚା', 'ବିପ୍ଳବ ଓ ସମାଲୋଚନା'; ଲାଲା ରାମନାରାୟଣଙ୍କ 'କବି ଉପେନ୍ଦ୍ର ଭଞ୍ଜ'; ଅଭିନ୍ନ ନାୟକଙ୍କ 'ଉତ୍କଳ କାବ୍ୟ', ଗଣପତି ଦାସଙ୍କ 'ଉତ୍କଳ ସାହିତ୍ୟ' ଆଦି ବହୁ ମୂଲ୍ୟବାନ ସମାଲୋଚନା ଏଥିରେ ପ୍ରକାଶ ପାଇଥିଲା ।

'ଉତ୍କଳପ୍ରଭା'ରେ ଭଞ୍ଜବିମୁଖ ଲେଖାମାନ ପ୍ରକାଶ ପାଉଥିଲା । ସେଥିପାଇଁ 'ହିତବାଦୀ' ଛଦ୍ମ ନାମରେ ରାଧାନାଥଙ୍କୁ ନଗ୍ନ ଆକ୍ରମଣ ମଧ ପ୍ରକାଶ ପାଇଥିଲା ।

'ଉତ୍କଳପ୍ରଭା'ର ଭଞ୍ଜବିରୋଧ ମନୋଭାବରୁ ପରବର୍ତ୍ତୀ କାଲରେ 'ଇନ୍ଦ୍ରଧନୁ' ପତ୍ରିକାର ଜନ୍ମ ହୋଇଥିବା ଅନୁମେୟ ।

ଏହି ପତ୍ରିକାରେ ଗଙ୍ଗାଧରଙ୍କ 'ଇନ୍ଦୁମତୀ'; ମଧୁସୂଦନଙ୍କ 'ରଷ୍ଟିପ୍ରାଣେ ଦେବାବତରଣ'; ଫକୀର ମୋହନଙ୍କ 'ଯୋସେଫାଇନ୍'; ରାମଶଙ୍କରଙ୍କ 'ବିବାସିନୀ' ପ୍ରକାଶିତ ହୋଇଥିଲା । ବିଶ୍ୱନାଥ କରଙ୍କ ସ୍ତ୍ରୀ ଶିକ୍ଷା, ଅନନ୍ତ ପ୍ରେମ, ମହାସ୍ରୋତ ପ୍ରବନ୍ଧ ଏଥିରେ ପ୍ରକାଶିତ ହୋଇଥିଲା । ରାଧାନାଥଙ୍କ 'ଚିଲିକା', 'ମହାଯାତ୍ରା' ପ୍ରକାଶ ନିମନ୍ତେ ପ୍ରମୁଖ ଭୂମିକା ଗ୍ରହଣ କରିଥିଲା ।

'ଉତ୍କଳପ୍ରଭା' ପ୍ରଦାନ କରିଥିବା ବିଶିଷ୍ଟ ବ୍ୟକ୍ତିମାନଙ୍କୁ ପୁରସ୍କାର ନିମ୍ନମତେ ପ୍ରଦତ୍ତ ହେଲା–

'ଖଣ୍ଡଗିରି' ପାଇଁ	–	ଚନ୍ଦ୍ରମୋହନ ମହାରଣା
'ମହାସ୍ରୋତ' ପାଇଁ	–	ବିଶ୍ୱନାଥ କର
'ଚଲିକା' ପାଇଁ	–	ରାଧାନାଥ
'ସାହିତ୍ୟ ଚର୍ଚ୍ଚା' ପାଇଁ	–	ବିଜୟ ଚନ୍ଦ୍ର ମଜୁମଦାର
'ରଷ୍ଟି ପ୍ରାଣେ ଦେବାବତରଣ' ପାଇଁ	–	ମଧୁସୂଦନ ରାଓ

ଆଶା (୧୮୯୨)

ପ୍ରକାଶ ସ୍ଥାନ :		କଟକ
ସଂପାଦକ :		ରେବା ରାୟ

'ଆଶା' ପତ୍ରିକା ଓଡ଼ିଶାର ପ୍ରଥମ ନାରୀ ପତ୍ରିକା । ଏଥିରେ ବହୁ ସମାଲୋଚନାତ୍ମକ ଲେଖାମାନ ମଧ ପ୍ରକାଶ ପାଇଥିଲା ।

ଇନ୍ଦ୍ରଧନୁ (ଅଗଷ୍ଟ ୧୭, ୧୮୯୩)

ପ୍ରକାଶ ସ୍ଥାନ :   କଟକ ପିଣ୍ଟିଂ କମ୍ପାନୀ

ସଂପାଦକ   :   ଗୌରୀଶଙ୍କର ରାୟ

ମୂଲ୍ୟ   :   ଦୁଇ ପଇସା

ପ୍ରଥମ ପୃଷ୍ଠାର ଉପର ଅଂଶରେ ଏକ ମନୋଞ୍ଜ ଇନ୍ଦ୍ରଧନୁ ମଧ୍ୟରେ ପତ୍ରିକାର ନାମ ମୁଦ୍ରିତ ହୋଇ ନିମ୍ନରେ ଲେଖାଯାଇଥିଲା-

"କିନ୍ତୁ ନିରୂପିତ କାଳେ ନ ଦିଶିବ ନଭେ କେବେ ଏହି ଇନ୍ଦ୍ରଧନୁ, ନୁହେଁ ତାହା ଧର୍ମ, ଉଦୟ-ଉପକରଣ ଯୋଗ ହେବ ଯେବେ ବିରାଜିବ ନଭେ ତେବେ ଏହା କେବେ କେବେ।

'ଇନ୍ଦ୍ରଧନୁ' ୫୦ଟି ସଂଖ୍ୟା ପ୍ରକାଶ ପାଇଥିଲା। ଏହାର ଲେଖମାନେ ଛଦ୍ମ ନାମରେ ଲେଖୁଥିଲେ।

(୧) ଗୋଲକ ଧନ୍ଦା (ଗୋପାଳ ବଲ୍ଲଭ ଦାସ)

(୨) ଯୋଗରାଜ (ଦାମୋଦର ପଟ୍ଟନାୟକ)

(୩) ପ୍ରାତିୟ (ଦୈତାରୀ ପ୍ରସାଦ ଦାସ)

(୪) ନୃପକିଶୋର (ସୁଦାମ ଚରଣ ନାୟକ)

(୫) ଭୂତେଶ (ଭାଗିରଥୀ ପ୍ରସାଦ ଷାଠିଆ)

(୬) ସ୍ନେହାବର (ରାମଶଙ୍କର ରାୟ)

(୭) ଭୀମକର୍ମା (ଗୋବିନ୍ଦ ରଥ)

ଏହା ବ୍ୟତୀତ ନାରୀକବି ସୁଲକ୍ଷଣା, ମଧୁସୂଦନ ରାଓ, ଫକୀର ମୋହନ ସେନାପତି, ସାଧୁଚରଣ ରାୟ ଏହାର ଲେଖକ ଥିଲେ। ଏମାନେ ଆଧୁନିକ ଓ ବୈଜ୍ଞାନିକ ଦୃଷ୍ଟିକୋଣରୁ ପ୍ରାଚୀନ ସାହିତ୍ୟ ଓ ଭଞ୍ଜଙ୍କ ସଂପର୍କରେ ଆଲୋଚନା କରୁଥିଲେ। ଏହାର ଲେଖକମାନେ ସମସ୍ତେ ଚିତ୍ତ ବୃତ୍ତିରେ ଆଧୁନିକ, କିନ୍ତୁ ପ୍ରାଚୀନ ସାହିତ୍ୟର ସପକ୍ଷବାଦୀ ଥିଲେ।

'ଇନ୍ଦ୍ରଧନୁ'ରେ 'ଉନ୍ମାଦିନୀ' ଓ 'ରାଜକବି' ଅସଂପୂର୍ଣ୍ଣ ଉପନ୍ୟାସ ପ୍ରକାଶ ପାଇଥିଲା। ନନ୍ଦକିଶୋର ଦାସଙ୍କ ଜୀବନୀ ମଧ୍ୟ ପ୍ରକାଶିତ ହୋଇଥିଲା। ଅମିତ୍ରାକ୍ଷର, ଛନ୍ଦୋବଦ୍ଧ କବ୍ୟ ମଧ୍ୟ ପ୍ରକାଶିତ ହୋଇଥିଲା। 'ଇନ୍ଦ୍ରଧନୁ' ଉପେନ୍ଦ୍ର ଓ ପ୍ରାଚୀନ ସାହିତ୍ୟ ସପକ୍ଷବାଦୀ।

ବିଜୁଳି (୧୮୯୩)

'ଇନ୍ଦ୍ରଧନୁ' ପ୍ରକାଶ ପାଇବାର ପ୍ରତିକ୍ରିୟା ସ୍ୱରୂପ ୧୫ ଦିନ ପରେ ପ୍ରକାଶିତ ହେଲା । ଏହା 'ସମ୍ବଲପୁର ହିତୈଷିଣୀ' ଆନୁକୂଲ୍ୟରେ ପ୍ରକାଶିତ ।

ପ୍ରକାଶ ସ୍ଥାନ :	ବାମଣ୍ଡା, ଜଗନ୍ନାଥ ବଲ୍ଲଭ ପ୍ରେସ୍ ।
ପୃଷ୍ଠପୋଷକ :	ସାର୍ ବାସୁଦେବ ସୁଢଳ ଦେବ ।
ସଂପାଦକ :	ଦାଶରଥୀ ରାଉତ ।
ବାର୍ଷିକ ମୂଲ୍ୟ :	ବିନାମୂଲ୍ୟ

'ବିଜୁଳି'ର ୨୫ଟି ସଂଖ୍ୟା ପ୍ରକାଶ ପାଇଥିଲା । ଗୋଟିଏ ବର୍ଷ ପ୍ରକାଶିତ ହେବାପରେ ଚତୁର୍ଦ୍ଦଶ ସଂଖ୍ୟାଠାରୁ ବନ୍ଦ ହୋଇଗଲା । ଏହାର ଲେଖକମାନେ ଥିଲେ– ଲାଲା ରାମନାରାୟଣ ରାୟ, ବିଶ୍ୱନାଥ କର, ବିଜୟ ଚନ୍ଦ୍ର ମଜୁମଦାର, ରାମକୃଷ୍ଣ ସାହୁ ଦାଶରଥୀ ରାଉତ, ଦାମୋଦର ମିଶ୍ର । ଏହା ଉପେନ୍ଦ୍ର ଭଞ୍ଜ ଓ ବୈଦେହିଶ ବିଳାସର ଦୋଷ ନିରୂପଣ ପୂର୍ବକ ରାଧାନାଥଙ୍କ ସପକ୍ଷବାଦୀ ଥିଲେ ।

ଉତ୍କଳ ସାହିତ୍ୟ (ଜାନୁଆରୀ ୧୮୯୭)

ପ୍ରକାଶ ସ୍ଥାନ :	ରାୟ ପ୍ରେସ୍, କଟକ
ସଂପାଦକ :	ବିଶ୍ୱନାଥ କର (୩୮ ବର୍ଷ ସଂପାଦନା ଦାୟିତ୍ୱ)

୧୮୯୩ରେ ମଧୁସୂଦନ ରାଓଙ୍କ ଉଦ୍ୟମରେ ଓ ଚନ୍ଦ୍ରମୋହନ ମହାରଣାଙ୍କ ସଂପାଦନାରେ କଟକ ଟ୍ରେନିଂ ସ୍କୁଲରେ 'ଆଲୋଚନା ସଭା' ଗଠିତ ହୋଇଥିଲା । ୧୮୯୪ରେ କଲିକତାର 'ବଙ୍ଗୀୟ ସାହିତ୍ୟ ପରିଷଦ' ପକ୍ଷରୁ ଏକ ପତ୍ରିକା ସମ୍ପାଦିତ ହୋଇ ସାହିତ୍ୟର ବିକାଶ ପାଇଁ ବହୁ ଉଦ୍ୟମ ହୋଇଥିଲା । ଏହାର ପ୍ରଭାବରେ ଆଲୋଚନା ସଭାର ସଦସ୍ୟଗଣ 'ଉତ୍କଳ ସାହିତ୍ୟ' ପ୍ରକାଶ କଲେ ।

୧୯୩୪ରେ ବିଶ୍ୱନାଥ କରଙ୍କ ମୃତ୍ୟୁ ପରେ ଏହା ବନ୍ଦ ହେଲା । ସୁନନ୍ଦ କରଙ୍କ ଉଦ୍ୟମରେ ୧୯୫୩ରେ କିଛି କାଳ ବାହାରି ବନ୍ଦ ହୋଇଗଲା । ୧୯୭୩ରେ ଜ୍ଞାନୀନ୍ଦ୍ର ବର୍ମାଙ୍କ ଦ୍ୱାରା କିଛି ଦିନ ବାହାରି ବନ୍ଦ ହେଲା ।

ବିଶ୍ୱନାଥ କରଙ୍କ ଉକ୍ରଳ ସାହିତ୍ୟର ଉନ୍ନତି; କୃଷ୍ଣ ପ୍ରସାଦ ଚୌଧୁରୀଙ୍କ ଉକ୍ରଳ ସାହିତ୍ୟ ଓ ଉକ୍ରଳୀୟ ପାଠକ; ମଧୁସୂଦନ ରାଓଙ୍କ ଓଡ଼ିଆ ଭାଷା ; ଅଭିରାମ ଭଞ୍ଜଙ୍କ ଉକ୍ରଳ ସାହିତ୍ୟର ବର୍ତ୍ତମାନ ଓ ଭବିଷ୍ୟତ; ମୃତ୍ୟୁଞ୍ଜୟ ରଥଙ୍କ ଓଡ଼ିଆ ଭାଷାର ମୂଳ, ଶବ୍ଦାର୍ଥ ଚର୍ଚ୍ଚା, ଧ୍ୱନ୍ୟାମ୍ମକ ଭାଷା, ଗ୍ରାମ୍ୟଭାଷା, ଶବ୍ଦ ରହସ୍ୟ, ବ୍ରହ୍ମର୍ଷ୍ଣ ମଧୁସୂଦନ, ଅଭିମନ୍ୟୁ ସାମନ୍ତସିଂହାର, ଉନବିଂଶ ଶତାବ୍ଦୀର ଉକ୍ରଳ ପତ୍ରିକା; ଫକୀର ମୋହନଙ୍କ ଉକ୍ରଳ ଭାଷାର ଭୂତ ଓ ଭବିଷ୍ୟତ; ଗୋପାଳ ଚନ୍ଦ୍ର ପ୍ରହରାଜଙ୍କ ଉକ୍ରଳ ସାହିତ୍ୟର ଆଧୁନିକ ଗତି; ପଦ୍ମ ଚରଣ ପଟ୍ଟନାୟକଙ୍କ ଆମ୍ଭମାନଙ୍କ ମାତୃଭାଷା ଅବସ୍ଥା; ଗୋପୀନାଥ ନନ୍ଦଙ୍କ ଗଣନିୟମ କବିତା, ତୈଲଙ୍ଗଭୋଜ ଓ ତୈଲଙ୍ଗ ସାହିତ୍ୟ, ସାରଳା ମହାଭାରତର ସମାଲୋଚନା, ପ୍ରକାଶିତ ହୋଇଥିଲା । ଶ୍ରୀ ନନ୍ଦଙ୍କ ସାରଳା ମହାଭାରତର ସମାଲୋଚନା ପରବର୍ତ୍ତୀ କାଳରେ 'ଶ୍ରୀଭାରତ ଦର୍ପଣ' ନାମରେ ପ୍ରକାଶିତ ହୋଇଥିଲା ।

ଗୋପୀନାଥ ନନ୍ଦଙ୍କ ଓଡ଼ିଆ ଭାଷାତତ୍ତ୍ୱ; ଶ୍ୟାମସୁନ୍ଦର ରାଜଗୁରୁଙ୍କ ଶୂଦ୍ରମୁନି ସାରଳା ଦାସ, ଦୀନକୃଷ୍ଣ ଦାସ, ବଳରାମ ଦାସ, ଉପେନ୍ଦ୍ର ଭଞ୍ଜ; କାମପାଳ ମିଶ୍ରଙ୍କ ଶିକ୍ଷା ଓ ସମାଲୋଚନା; ସୁରେନ୍ଦ୍ର ମହାନ୍ତିଙ୍କ ଫକୀର ମୋହନ ସାହିତ୍ୟ ସମୀକ୍ଷା; ଜଳନ୍ଧର ଦେବଙ୍କ ଡାଏରୀର କିୟଦଂଶ; ଶଶିଭୂଷଣ ରାୟଙ୍କ ଚିକିଟିରେ ଚାରିଦିନ; ଫକୀର ମୋହନଙ୍କ ଆମ୍ଭଚରିତ, ରେବତୀ ଠାରୁ ଗାରୁଡ଼ି ମନ୍ତ୍ର ପର୍ଯ୍ୟନ୍ତ; ରାଧାନାଥଙ୍କ ଦରବାର; ପଦ୍ମଚରଣଙ୍କ ଧଉଳି ପାହାଡ଼, ଖୋରଧାର ପ୍ରଥମ ଦର୍ଶନ; ଅନ୍ନଦା ଶଙ୍କରଙ୍କ ପରୀମହଲ; ବୈକୁଣ୍ଠ ନାଥଙ୍କ ସବୁଜ ବନ୍ଧୁ ପ୍ରତି ଆଦି ସମାଲୋଚନା ପୁସ୍ତକ ଓ କବିତା ପ୍ରକାଶିତ ହୋଇଥିଲା ।

ଶ୍ରୀମତୀ ସୁଲକ୍ଷଣା ଦେବୀଙ୍କ 'ପାରିଜାତ ମାଲା'ର ଭୂମିକାରେ ତାଙ୍କର ସୁଯୋଗ୍ୟ ପୁତ୍ର ଶ୍ରୀଯୁକ୍ତ ଦାମୋଦର ପଟ୍ଟନାୟକଙ୍କ ଦ୍ୱାରା ଏକ ସଂକ୍ଷିପ୍ତ ଆଲୋଚନା ପ୍ରକାଶ ହୋଇଥିଲା ।

'ଉକ୍ରଳ ସାହିତ୍ୟ'ରେ 'ଚିତ୍ରୋତ୍ପଳା ଓ ସମାଲୋଚକ' ଶୀର୍ଷକରେ ଦାମୋଦର ପଟ୍ଟନାୟକ ସୁବଳ ଦେବଙ୍କ 'ଚିତ୍ରୋତ୍ପଳା' କାବ୍ୟର ସମାଲୋଚନା ଭିନ୍ନ ଢଙ୍ଗରେ କରିଥିଲେ । ଯଥା–

ସମାଲୋଚକ : ଚିତ୍ରୋତ୍ପଳା କିଏସେ ?

ଚିତ୍ରୋତ୍ପଳା : ମୋର ଅନ୍ୟ ନାମ ପରା ମହାନଦୀ

ସମାଲୋଚକ : ମହାନଦୀ ଏତେ ଉଚ୍ଚ ସ୍ଥାନକୁ କିପରି ଆସିଲା ?

ଚିତ୍ରୋତ୍ପଳା : ପୁସ୍ତକ ରୂପରେ

 × × × × × ×

ଚିତ୍ରୋତ୍ପଳା   : ମୋର ଭାଷା ଆପଣଙ୍କୁ ସୁଖ ଲାଗୁନାହିଁ ? କହିଲା ମାତ୍ରକେ ଆପଣ କିପରି ବିରକ୍ତ ହେଉଛନ୍ତି ?

ସମାଲୋଚକ : ବିରକ୍ତ ହେବାର ତ କଥା । ପ୍ରଥମରୁ ଅପ୍ରୀତିକର ସଂସ୍କୃତ ଶବ୍ଦଗୁଡ଼ିଏ ପେଟରେ ଠୁଁସିଛ । କିନ୍ତୁ ସଂସ୍କୃତ ଓ ମାତୃଭାଷା କାହାକୁ କହନ୍ତି, ତାହାକି ଜଣା ନାହିଁ ?

ଅର୍ଥାତ୍ ସମାଲୋଚକ ଚିତ୍ରୋତ୍ପଳାର ଭାବଭଙ୍ଗୀକୁ ଉତ୍ତର କହିଥିବା ବେଳେ ଭାଷାରେ ଲାଲିତ୍ୟ ନ ଥିବା ନୈସର୍ଗିକ ସୌନ୍ଦର୍ଯ୍ୟ ଯଥାର୍ଥ ଭାବରେ ଉପସ୍ଥାପିତ ହୋଇ ନ ଥିବା କଥା ସମାଲୋଚନା କରିଛନ୍ତି ।

'ଉତ୍କଳ ସାହିତ୍ୟ'ରେ 'ନବଭାରତ' ପତ୍ରିକାକୁ ପ୍ରଚଣ୍ଡ ବିଦ୍ରୂପ କରି ସମାଲୋଚକ ବିଶ୍ୱନାଥ କର ନିଜେ ପ୍ରକାଶ କରିଥିଲେ ଯେ, ଏହା ଏକ ଶିଶୁ ପତ୍ରିକା ଓ ନୀଳକଣ୍ଠ ଜଣେ ଅହଂକାରୀ ।

'ଉତ୍କଳ ସାହିତ୍ୟ' ସଂପର୍କରେ ଫକୀର ମୋହନ ଉଲ୍ଲେଖ କରିଥିଲେ–

"କୋଡ଼ିଏ ବରଷ କାଳ ପାଖ ଲାଗି ଲାଗି
ସାହିତ୍ୟ ପ୍ରଚାର ପାଇଁ ପଡ଼ିଅଛ ଲାଗି

× × × ×

ଦେଶ ଉପକାର ଅର୍ଥେ ସତାଂ ହି ଜୀବନ
ବିଶ୍ୱନାଥ ଦେଖାଇଲେ ସଫା ନିଦର୍ଶନ ।"

<u>ମୁକୁର (ଏପ୍ରିଲ, ୧୯୦୬)</u>

ସଂପାଦକ :   ବ୍ରଜସୁନ୍ଦର ଦାସ

ଗୋପବନ୍ଧୁ ବିଭିନ୍ନ କ୍ଷେତ୍ରରେ ଓଡ଼ିଆଙ୍କ ସ୍ୱାତନ୍ତ୍ର୍ୟ ରକ୍ଷା ପାଇଁ ଏକ 'କର୍ତ୍ତବ୍ୟବୋଧିନୀ ସମିତି' ଗଠନ କରିଥିଲେ । ଏହି ସମିତିର ପ୍ରେରଣାରେ 'ମୁକୁର' ପ୍ରକାଶିତ ହୋଇଥିଲା । 'ଉତ୍କଳ ସାହିତ୍ୟ' ପତ୍ରିକାର ଏହା ପ୍ରତିସ୍ପର୍ଦ୍ଧୀ ପତ୍ରିକା ।

ଓଡ଼ିଆ ଭାଷା ଓ ସାହିତ୍ୟକୁ ବଙ୍ଗୀୟ ପ୍ରଭାବରୁ ମୁକ୍ତ କରି ଏକ ନୂତନ ରୂପରେଖ ଦେବାରେ ଏହି ପତ୍ରିକା ପ୍ରମୁଖ ଭୂମିକା ଗ୍ରହଣ କରିଥିଲା । ଏହା ମଧ୍ୟ ହିନ୍ଦୁ ପୁନରୁତ୍ଥାନବାଦୀଙ୍କ ମୁଖପତ୍ର ।

ପଣ୍ଡିତ ନୀଳକଣ୍ଠଙ୍କ 'ରାଧାନାଥ ଓ ଉତ୍କଳ ସାହିତ୍ୟ'; ରାମଶଙ୍କରଙ୍କ 'ଓଡ଼ିଆ

ଭାଷାର ଉନ୍ନତି'; ମୃତ୍ୟୁଞ୍ଜୟ ରଥଙ୍କ 'ନରସିଂହ ଦେବଙ୍କ ତାମ୍ରଶାସନ', 'ଓଡ଼ିଆ ବର୍ଷ ଓ ତହିଁର ଉଚ୍ଚାରଣ'; ଗୋପୀନାଥ ନନ୍ଦଶର୍ମାଙ୍କ 'ଦାଣ୍ତୀ ରାମାୟଣର ସମାଲୋଚନା' ଏଥିରେ ପ୍ରକାଶ ପାଇଥିଲା ।

'ମୁକୁର' ବିଶେଷ ଭାବେ ସ୍ମରଣୀୟ ରହିବ 'ମୁକୁର ଉପନ୍ୟାସ ଗ୍ରନ୍ଥମାଲା' ପାଇଁ । ଏଥିରେ କୁନ୍ତଲାକୁମାରୀଙ୍କ 'ପରଶମଣି', 'କାଳିବହୂ', ଚିନ୍ତାମଣି ମହାନ୍ତିଙ୍କ 'ବୁଢ଼ା ଫକୀର', ଚିନ୍ତାମଣି ଆଚାର୍ଯ୍ୟଙ୍କ 'ସଫଳ ସ୍ୱପ୍ନ', ଦୟାନିଧି ମିଶ୍ରଙ୍କ 'ମାନଭଞ୍ଜନ', ଗୋବିନ୍ଦ ତ୍ରିପାଠୀଙ୍କ 'ପ୍ରମାଦ' ପ୍ରକାଶ ପାଇଥିଲା ।

'ମୁକୁର' ପତ୍ରିକାରେ ପ୍ରସିଦ୍ଧ ଲେଖକମାନଙ୍କ ମଧ୍ୟରେ ନୀଳକଣ୍ଠଙ୍କ 'ମୋ ନିଶ'; ଗୋପବନ୍ଧୁଙ୍କ 'ବିବାହରେ ଅର୍ଥ ପ୍ରସଙ୍ଗ'; ଗୋଦାବରୀଶ ମିଶ୍ରଙ୍କ 'କାଳିଜାଇ'; ଲକ୍ଷ୍ମୀକାନ୍ତଙ୍କ 'ଉତ୍କଳ ଜନନୀ' ପ୍ରକାଶ ପାଇଥିଲା ।

'ମୁକୁର' ସଂପର୍କରେ ଫକୀର ମୋହନ ଲେଖିଛନ୍ତି-

"ହେ ବ୍ରଜ ସୁନ୍ଦର ବାବୁ ବି.ଏ. ପାସ୍ କରି
ଆଛା କଥା ତୁମ୍ଭେ ଯାହା ନ କଲ ନୌକରୀ
× × × × ×
କରି ନିତ୍ୟ ମାତୃଭାଷା ଉନ୍ନତି କାମନା
ମୁକୁର ପ୍ରେସକୁ ଦେଖୁଅଛ ଭଲ ଜଣା ।"

– ଉତ୍କଳ ଭ୍ରମଣଂ

ସତ୍ୟବାଦୀ (ଫେବୃଆରୀ, ୧୯୧୫)

ପ୍ରକାଶ ସ୍ଥାନ   :   ସତ୍ୟବାଦୀ

ମୁଦ୍ରଣ   :   ବ୍ରହ୍ମପୁର ଆଶା ପ୍ରେସ୍

ପ୍ରକାଶ କାଳ :   ୬ବର୍ଷ (୧୯୨୧ରେ ବନ୍ଦ)

ସଂପାଦକ   :   ଗୋପବନ୍ଧୁ ଦାସ

ସବୁ ସଂଖ୍ୟାରେ ଏକ ସଂସ୍କୃତ ଶ୍ଳୋକ ସ୍ଥାନ ପାଉଥିଲା ।

"ରୃତଂ ବିଦିଷ୍ୟାମି
ସତ୍ୟ-ବିଦିଷାମି
ତନ୍ନାମବତୁ
ତଦ୍ ବକ୍ତାର ମବତୁ
ଅବତୁ ମା ମନତୁ ବକ୍ତାରଂ ।
ଓଁ ଶାନ୍ତିଃ ଶାନ୍ତିଃ ଶାନ୍ତିଃ ।"

'ସତ୍ୟବାଦୀ'ର 'ଛତ୍ରଭାଗ' ନାମକ ଏକ ବିଭାଗ ଥିଲା । ସେହିପରି 'ପଲ୍ଲୀ ପ୍ରସଙ୍ଗ' ନାମରେ ଏକ ସ୍ୱତନ୍ତ୍ର ବିଭାଗ ଥିଲା ।

ଗୋପୀନାଥ ନନ୍ଦ ଶର୍ମାଙ୍କ 'ଓଡ଼ିଆ ଶବ୍ଦତତ୍ତ୍ୱ ସନ୍ଦର୍ଭ'; ପଣ୍ଡିତ ନୀଳକଣ୍ଠଙ୍କ 'ଲାବଣ୍ୟବତୀ' ଆଲୋଚନା, 'ଫକୀର ମୋହନ ଓ ଓଡ଼ିଆ ଉପନ୍ୟାସ' ବିଶେଷ ଉଲ୍ଲେଖଯୋଗ୍ୟ ।

କୃପାସିନ୍ଧୁ ମିଶ୍ର ଏକ ହିଷ୍ଟ୍ରିକ୍ଲବ ଗଠନ କରି ବିବିଧ ଐତିହାସିକ ବିଷୟମାନ ପ୍ରକାଶ କରିଥିଲେ । ନୀଳକଣ୍ଠଙ୍କ ଯୌବନର ପ୍ରଭାବ ଓ ପ୍ରତିଷ୍ଠା, ପୃଥିବୀର ଚାରି ପ୍ରଧାନ ଧର୍ମ, ଜାତୀୟତାର ଭିତ୍ତିଭୂମି; ଲିଙ୍ଗରାଜ ମିଶ୍ରଙ୍କ 'ସଂସ୍କୃତ କେବେ ଭାରତର ପ୍ରଚଳିତ ଭାଷା ଥିଲା କି?'; ବାସୁଦେବ ମହାପାତ୍ରଙ୍କ 'ସୁଖ ଓ ଶାନ୍ତି'; ରନ୍ନାକର ପତିଙ୍କ 'ଅତୀତ ବର୍ତ୍ତମାନ ଭବିଷ୍ୟତ' ଏଥିରେ ପ୍ରକାଶିତ ହୋଇଥିଲା ।

ଗୋପବନ୍ଧୁ ସାପ୍ତାହିକ 'ସମାଜ' ପ୍ରକାଶନରେ ମନ ଦେବାରୁ ଏହି ପତ୍ରିକା ବନ୍ଦ ହୋଇଗଲା । ନୀଳକଣ୍ଠ ଦାସ 'ସତ୍ୟବାଦୀ' ଆଦର୍ଶରେ 'ନବଭାରତ' ପ୍ରକାଶ କଲେ ।

ସହକାର (୧ ୯ ୧ ୯)

ପ୍ରକାଶ ସ୍ଥାନ : ପୁରୀ

ସଂପାଦକ : ଲକ୍ଷ୍ମୀନାରାୟଣ ସାହୁ (୧୦ବର୍ଷ)

୧ ୯ ୨ ୯-୩୦ – ବାଳକୃଷ୍ଣ କର

('ଜହ୍ନମାମୁଁ' ର ପ୍ରତିଷ୍ଠାତା)

୧ ୯ ୫ ୨ – କିଛି କାଳ – କାଳିନ୍ଦୀ ଚରଣ ପାଣିଗ୍ରାହୀ

୧ ୯ ୭୩ – ବିଚିତ୍ରାନନ୍ଦ କର

କିଛି କାଳ – ପଠାଣୀ ପଟ୍ଟନାୟକ

ବାଳକୃଷ୍ଣ କରଙ୍କ ଉଦ୍ୟମରେ 'ଆନନ୍ଦ ଲହରୀ ଉପନ୍ୟାସମାଲା' ପ୍ରକାଶ ପାଇଥିଲା। ଏହି ଉପନ୍ୟାସର ସଂଖ୍ୟା ୨୫ଟି। ଗୋବିନ୍ଦ ତ୍ରିପାଠୀଙ୍କର 'ପତିତାର ଆତ୍ମକଥା'; କାଳିନ୍ଦୀ ଚରଣଙ୍କ 'ମାଟିର ମଣିଷ'; ଚିନ୍ତାମଣି ମିଶ୍ରଙ୍କ 'ହତଭାଗ୍ୟ'; ଚକ୍ରଧର ମହାପାତ୍ରଙ୍କ 'ବଳାଙ୍ଗୀ'; ହରିଶ୍ଚନ୍ଦ୍ର ବଡ଼ାଲଙ୍କ 'ଚିଠିର ଜବାବ'; ଗୋଦାବରୀଶ ମହାପାତ୍ରଙ୍କ 'ପ୍ରେମ ପଥେ'; ହରେକୃଷ୍ଣ ମହତାବଙ୍କ 'ନୂତନ ଧର୍ମ'; କାହ୍ନୁଚରଣଙ୍କ 'ନିଷ୍ଫଇ' ଉଲ୍ଲେଖଯୋଗ୍ୟ।

ସାରଳାଦେବୀଙ୍କ ଯୁଗ ସାହିତ୍ୟ, ଗଣ ସାହିତ୍ୟ, ହରିଶ୍ଚନ୍ଦ୍ର ବଡ଼ାଲଙ୍କ ଯୁଗ ସାହିତ୍ୟ ବନାମ ଯୁଗହୀନ ସାହିତ୍ୟ ଆଦି ସମାଲୋଚନା ବିଶେଷ ଉଲ୍ଲେଖଯୋଗ୍ୟ।

ମାୟାଧର ମାନସିଂହଙ୍କ 'ସାଧବ ପୁଅ', 'ମାଲୁଣୀ'; ବୈକୁଣ୍ଠ ନାଥ ପଟ୍ଟନାୟକଙ୍କ 'ସେହି ମୋର ଭଗବାନ'; କାଳିନ୍ଦୀ ଚରଣଙ୍କ 'ଗାନ୍ଧାରୀର ଆଶୀର୍ବାଦ'; ସଚ୍ଚି ରାଉତରାୟଙ୍କ 'ପଦ୍ମଭୁକ୍', 'କୋଣାର୍କ'; ରାଧାମୋହନ ଗଡ଼ନାୟକଙ୍କ 'ମୌସୁମୀ', 'ମୃତ୍ୟୁ ହେ ତୁମେ ସେତେବେଳେ କିଆଁ ଆସ'; କୃଷ୍ଣ ଚନ୍ଦ୍ର ତ୍ରିପାଠୀଙ୍କ 'ମାଆ ପ୍ରତି'; ଗୁରୁ ମହାନ୍ତିଙ୍କ 'ସପନ ତରୀ' ଏଥିରେ ପ୍ରକାଶ ପାଇଥିଲା।

ଯୁଗବୀଣା (୧୯୩୪)

ସଂପାଦକ : ହରିହର ମହାପାତ୍ର

ପ୍ରକାଶକ : ସବୁଜ ସାହିତ୍ୟ ସମିତି

ନବଭାରତ (ଜୁନ୍, ୧୯୩୪) – ମାସିକ ସାହିତ୍ୟ ପତ୍ରିକା

(ଜୟପୁର ମହାରାଜା ବିକ୍ରମ ଦେବଙ୍କ ୫୦୦୦ ଟଙ୍କା ସହାୟତା ଦ୍ୱାରା ପ୍ରକାଶିତ ହେଲା)

ସଂପାଦକ : ନୀଳକଣ୍ଠ ଦାସ

ପ୍ରକାଶକସ୍ଥାନ : ନବଭାରତ ପ୍ରେସ୍

'ନବଭାରତ' ଦୈନିକ ସମ୍ବାଦ ପତ୍ର ମଧ୍ୟ ୧୯୪୧ରେ ପ୍ରକାଶିତ ହୋଇଥିଲା।

ସମାଜ ସଂସ୍କାରକୁ ଗୁରୁତ୍ୱପ୍ରଦାନ କରି ସାହିତ୍ୟ ସମାଲୋଚନାକୁ ବିଶେଷ ଗୁରୁତ୍ୱ ଦିଆଯାଇ ନ ଥିଲା।

ଡଗର (୧୯୩୬)

ସଂପାଦକ : କାନ୍ତକବି ଲକ୍ଷ୍ମୀକାନ୍ତ ମହାପାତ୍ର

ପ୍ରକାଶକ ସ୍ଥାନ : ବାଲେଶ୍ୱର

ଆଧୁନିକ (୧୯୩୬) – (ନବ ଭାରତରେ ବିଜ୍ଞାପନ ପ୍ରକାଶ ପାଇଥିଲା)

ସଂପାଦକ   :   ଭଗବତୀ ଚରଣ ପାଣିଗ୍ରାହୀ

ପ୍ରକାଶକ   :   ନବଯୁଗ ସାହିତ୍ୟ ସଂସଦ

'ଆଧୁନିକ' ପତ୍ରିକାର ସ୍ଵର ଥିଲା ସାମ୍ୟବାଦୀ। ଶ୍ରୀ ଉତ୍କଳୀୟ, ଶ୍ରୀ ଅତନୁ, ବୋଧସତ୍ୟ, ରାଷ୍ଟ୍ରଦୂତ ଛଦ୍ମ ନାମରେ ଅନେକ ଲେଖା ପ୍ରକାଶିତ ହୋଇଥିଲା। ୧୯୧୪ରେ 'ସମାଜବାଦୀ ସୋସାଇଟି' ପକ୍ଷରୁ ରମାନାଥ ପଣ୍ଡାଙ୍କ ସଂପାଦନାରେ ପତ୍ରିକାଟି କିଛି ଦିନ ବାହାରିଥିଲା।

ନିଆଁଖୁଣ୍ଟା (୧୯୩୮)

ସଂପାଦକ   :   ଗୋଦାବରୀଶ ମହାପାତ୍ର

ପ୍ରକାଶକ ସ୍ଥାନ :   କଟକ

ରାଜନୀତିକ ବିଷୟକୁ ବ୍ୟଙ୍ଗ କରି ଏଥିରେ ଲେଖାମାନ ପ୍ରକାଶିତ ହୋଇଥିଲା।

ଶଙ୍ଖ (୧୯୪୫)

ପୃଷ୍ଠପୋଷକ   :   ବାମଣ୍ଡାର ମହାରାଜା ସାର୍ ସୁଢ଼ଳଦେବ

ସଂପାଦକ   :   ଡ. ମାୟାଧର ମାନସିଂହ

ଜଳନ୍ଧର ଦେବ (ମାନସିଂହଙ୍କ ପରେ)

ପ୍ରକାଶକ ସ୍ଥାନ : ବାମଣ୍ଡା

ଲେଖକମାନଙ୍କୁ ୧୦ଟଙ୍କା ଲେଖାଏଁ ପାରିତୋଷିକ ଦେବାରେ ଏହା ଦ୍ଵିତୀୟ ପତ୍ରିକା। 'ଶଙ୍ଖ' ପତ୍ରିକାର ପ୍ରଥମ ସଂଖ୍ୟାରେ ପ୍ରକାଶିତ ହୋଇଥିଲା କୃଷ୍ଣ ଚନ୍ଦ୍ର ପାଣିଗ୍ରାହୀଙ୍କ 'ଆଧୁନିକ ଓଡ଼ିଆ ସାହିତ୍ୟର ବାଣିଜ୍ୟ ମୂଲ୍ୟ' ଏହାଛଡ଼ା ଲେଖକଙ୍କର ବହୁ ଉଚ୍ଚକୋଟୀର 'ସବୁଜ ଶୈଳୀ' ପ୍ରକାଶ ପାଇଥିଲା। ଯାହା ସବୁଜ ସାହିତ୍ୟ ସଂପର୍କରେ ଶ୍ରେଷ୍ଠ ସମାଲୋଚନା।

ଜ୍ଞାନୀନ୍ଦ୍ର ବର୍ମାଙ୍କ 'ବୈଷ୍ଣବ ପାଣି'; ବାମଦେବ ମିଶ୍ରଙ୍କ 'ଓଡ଼ିଆ ଭାଷାରେ ବ୍ୟାକରଣ'; ବିଧୁଭୂଷଣ ଗୁରୁଙ୍କ 'ସମ୍ବଲପୁରୀ ବ୍ୟାକରଣ'; ମାୟାଧର ମାନସିଂହଙ୍କ 'ମେହେରଙ୍କ ମହତ୍ୱ' ଏଥିରେ ପ୍ରକାଶିତ ହେଲା।

ଏହାର ପ୍ରତସ୍ପଦ୍ଧି ପତ୍ରିକା ଭାବେ 'ଚତୁରଙ୍ଗ' ପାଟଣାଗଡ଼ରୁ ପ୍ରକାଶିତ ହେଲା।

ଚତୁରଙ୍ଗୀ (୧୪.୦୫.୧୯୪୬) – ୧୯୫୧ ପର୍ଯ୍ୟନ୍ତ ୫ ବର୍ଷ ପ୍ରକାଶିତ ହୋଇଥିଲା ।

ପୃଷ୍ଠପୋଷକ   :   ମାହାରାଜା ରାଜେନ୍ଦ୍ର ନାରାୟଣ ସିଂହଦେଓ

ସଂପାଦକ   :   କୁମାର ବ୍ରଜେନ୍ଦ୍ର ନାରାୟଣ ସିଂଦେଓ

ପ୍ରକାଶକସ୍ଥାନ   :   କୋଶଳ କଳାମଣ୍ଡପ ସାଂସ୍କୃତିକ ଅନୁଷ୍ଠାନ, ପାଟଣାଗଡ଼, ବଲାଙ୍ଗୀର ।

ମୁଦ୍ରିତ   :   କଳାମଣ୍ଡଳ ପ୍ରେସ୍

ସଂପାଦନା ମଣ୍ଡଳୀ : କାଳିନ୍ଦୀ ଚରଣ ପାଣିଗ୍ରାହୀ

ରାଜ୍ୟରନ୍ ଶ୍ରୀ ବଳଭଦ୍ର ବହିଦାର

ଶ୍ରୀ ପ୍ରଭାତ କୁମାର ମୁଖୋପାଧ୍ୟାୟ

ଶ୍ରୀ ନିତ୍ୟାନନ୍ଦ ବହିଦାର

ଶ୍ରୀ ବିଧୁଭୂଷଣ ଗୁରୁ

ଶ୍ରୀ ସାମୁଏଲ ନାୟକ

'ଚତୁରଙ୍ଗ' ଲେଖକମାନଙ୍କୁ ୫ ଟଙ୍କା ପାରିତୋଷିକ ଦେବାରେ ତୃତୀୟ ପତ୍ରିକା । ଏଥରେ ଶଶୀଭୂଷଣ ରାୟଙ୍କ 'ସାହିତ୍ୟର କାର୍ଯ୍ୟ'; ରାଜକିଶୋର ରାୟଙ୍କ 'ଓଡ଼ିଆ ସାହିତ୍ୟରେ ଆଧୁନିକ ଯୁଗ'; କାହ୍ନୁଚରଣ ମିଶ୍ରଙ୍କ 'ବିଶ୍ୱସାହିତ୍ୟରେ ନାଟକର କ୍ରମବିକାଶ'; ସୁରେନ୍ଦ୍ର ମହାନ୍ତିଙ୍କ 'ସାହିତ୍ୟ ଓ ରାଜନୀତି' ଇତ୍ୟାଦି ପ୍ରକାଶ ପାଇଥିଲା ।

ଝଙ୍କାର (ଏପ୍ରିଲ, ୧୯୪୯)

ସଂପାଦକ   :   ଡ. ହରେକୃଷ୍ଣ ମହତାବ

ପ୍ରକାଶକ ସ୍ଥାନ   :   ପ୍ରଜାତନ୍ତ୍ର ପ୍ରଚାର ସମିତି, କଟକ

ସଂପାଦନା ମଣ୍ଡଳୀ : ଡ.ମାୟାଧର ମାନସିଂହ

ଡ. କରୁଣାକର କର

ଚିନ୍ତାମଣି ଆଚାର୍ଯ୍ୟ

ପରମାନନ୍ଦ ଆଚାର୍ଯ୍ୟ

ଡ. ବାସୁଦେବ ମିଶ୍ର

କାଳିନ୍ଦୀ ଚରଣ ପାଣିଗ୍ରାହୀ

ଜାନକୀ ବଲ୍ଲଭ ମହାନ୍ତି

ପ୍ରତିବର୍ଷ 'ପ୍ରଜାତନ୍ତ୍ର ପ୍ରଚାର ମସିତି' ପକ୍ଷରୁ 'ବିଷୁବ ମିଳନ' ସମ୍ମିଳନୀର ଆୟୋଜନ କରି ଶ୍ରେଷ୍ଠ ଲେଖକମାନଙ୍କୁ ଅର୍ଥ ଓ ଉପଢୌକନ ପ୍ରଦାନ କରାଯାଉଥିଲା ।

ଡ. ସୁନୀତ୍ କୁମାର ଚାଟାର୍ଜୀ 'ବିଷୁବ ମିଳନ' କୁ ପୂର୍ବଭାରତୀୟ ସାଂସ୍କୃତିକ ମିଳନ ପୀଠର ଆଖ୍ୟା ପ୍ରଦାନ କରି ଭୂୟସୀ ପ୍ରଶଂସା କରିଛନ୍ତି ।

ଏଥିରେ ଗୋଲକ ବିହାରୀ ଧଳଙ୍କ 'ଆଧୁନିକ କବିତା'; ରାଜକିଶୋର ରାୟଙ୍କ 'ଉପନ୍ୟାସ ଚିନ୍ତାଧାରା'; ଗୌରୀକୁମାର ବ୍ରହ୍ମାଙ୍କ 'ଋକ୍‌ବେଦର କାଳନିରୂପଣ'; ନନ୍ଦକିଶୋର ଦାସଙ୍କ 'ଟି.ଏସ୍.ଇଲିଅଟ୍' ଇତ୍ୟାଦି ପ୍ରସିଦ୍ଧ ଲେଖାମାନ ପ୍ରକାଶ ପାଇଥିଲା ।

<u>କୋଣାର୍କ (ସେପ୍ଟେମ୍ବର, ୧୯୫୮)</u> – ଓଡ଼ିଶା ସାହିତ୍ୟ ଏକାଡେମୀର ତ୍ରୈମାସିକ ମୁଖପତ୍ର

ସଂପାଦକ :   ଗୌରୀ କୁମାର ବ୍ରହ୍ମା

ଏଥିରେ ଗୋପୀନାଥ ନନ୍ଦଙ୍କ 'ଦାଣ୍ଡୀ ରାମାୟଣ'; ଗିରିଜାଶଙ୍କର ରାୟଙ୍କ 'ସାହିତ୍ୟ ସମସ୍ୟା'; ଦେବୀପ୍ରସନ୍ନ ପଟ୍ଟନାୟକଙ୍କ 'ଓଡ଼ିଆ ଭଜନ ସାହିତ୍ୟର ଭୂମିକା'; ଡ. କୁଞ୍ଜବିହାରୀ ଦାଶଙ୍କ 'ପ୍ରବନ୍ଧ ପୂର୍ଣ୍ଣଚନ୍ଦ୍ର ଓ ଯଦୁମଣି'; ବଂଶୀଧର ମହାନ୍ତିଙ୍କ 'ଓଡ଼ିଶା ନାଥ ଧର୍ମ ଓ ନାଥ ସାହିତ୍ୟ' ପ୍ରକାଶ ପାଇଥିଲା ।

<u>ପୌରୁଷ (ଜୁଲାଇ, ୧୯୬୧)</u>

କେ.ଏମ୍.ମୁନିସୀଙ୍କ Bhaban's Journal ପ୍ରଭାବରେ ପ୍ରକାଶିତ ହୋଇଥିଲା ।

ସଂପାଦକ :   ଜାନକୀ ବଲ୍ଲଭ ପଟ୍ଟନାୟକ
               ପରେ– ଶ୍ରୀମତୀ ଜୟନ୍ତୀ ପଟ୍ଟନାୟକ'

ଏଥିରେ ଡ. ନୃସିଂହ ପଣ୍ଡା, ଡ. ସୂର୍ଯ୍ୟକାନ୍ତ ଦାସ, ଡ. କୁଳମଣି ସାମଲ, ଡ. ବୈଦ୍ୟନାଥ ମିଶ୍ରଙ୍କ ଲେଖାମାନ ପ୍ରକାଶ ପାଇଥିଲା ।

<u>ମାନସ (ନଭେମ୍ବର ୧୯୬୨)</u> – ପ୍ରଥମ ସଚିତ୍ର ପତ୍ରିକା

ପ୍ରତିଷ୍ଠାତା :   ଅନନ୍ତ ମିଶ୍ର
ସଂପାଦକ :   କୃଷ୍ଣ ପ୍ରସାଦ ମିଶ୍ର

ଏହାର ଲେଖକମାନଙ୍କ ମଧ୍ୟରେ ବାମାରଚଣ ମିତ୍ର, ଶାନ୍ତନୁ କୁମାର ଆଚାର୍ଯ୍ୟ, ଚନ୍ଦ୍ରଶେଖର ରଥ, ମହାପାତ୍ର ନୀଳମଣି ସାହୁ, ରମାକାନ୍ତ ରଥ, ଡ. ଖଗେଶ୍ୱର ମହାପାତ୍ର, ଡ. ଗଣେଶ୍ୱର ମିଶ୍ର ଅନ୍ୟତମ ।

ସପ୍ତର୍ଷି (୧୯୭୨) –

ପ୍ରକାଶ ସ୍ଥାନ :   ସମ୍ବଲପୁର ବିଶ୍ୱବିଦ୍ୟାଳୟ

ସମ୍ବଲପୁର ବିଶ୍ୱବିଦ୍ୟାଳୟର ମୁଖପତ୍ର ଭାବରେ ପ୍ରକାଶିତ ହୋଇ ବହୁ ଉଚ୍ଚକୋଟୀର ସମାଲୋଚନା ପ୍ରକାଶ କରିବାରେ ପ୍ରମୁଖ ଭୂମିକା ଗ୍ରହଣ କରିଥିଲା ।

ପ୍ରବାସରୁ ପ୍ରକାଶିତ ପତ୍ରିକା

ଆସନ୍ତାକାଲି (୧୯୪୦) –

ସଂପାଦକ   :   ହୃଦାନନ୍ଦ ମଲ୍ଲିକ, ଯଦୁମଣି ପରିଜା

ପ୍ରକାଶ ସ୍ଥାନ :   କଲିକତା

ସୁରେନ୍ଦ୍ର ମହାନ୍ତିଙ୍କ 'କୁଳବୃଦ୍ଧ' ଓ ବହୁ ସମାଲୋଚନା ଏଥିରେ ପ୍ରକାଶ ପାଇଥିଲା ।

ସମାବେଶ (କଲିକତା) –

ସଂପାଦକ : ଜଗନ୍ନାଥ ପାଣି

ଏଥିରେ ଓଡ଼ିଶାର ବହୁ ପ୍ରସିଦ୍ଧ ଲେଖକମାନଙ୍କ ସମାଲୋଚନାମୂଳକ ଲେଖାମାନ ପ୍ରକାଶିତ ହୋଇଥିଲା ।

ନବରବି (୧୯୭୦)–

ସଂପାଦକ   :   ରବୀନ୍ଦ୍ର କୁମାର ପରିଜା

ପ୍ରକାଶ ସ୍ଥାନ :   କଲିକତା

ଲେଖକମାନଙ୍କୁ ପାରିତୋଷିକ ପ୍ରଦାନ କରିବାରେ ଏହା ଚତୁର୍ଥ ପତ୍ରିକା । ଏଥିରେ କାଳିନ୍ଦୀ ପାଣିଗ୍ରାହୀ, ସୁରେନ୍ଦ୍ର ମହାନ୍ତି, କୃଷ୍ଣଚନ୍ଦ୍ର ତ୍ରିପାଠୀ ଆଦି ପ୍ରସିଦ୍ଧ ଲେଖକଙ୍କ ଲେଖକଙ୍କ ଲେଖାମାନ ପ୍ରକାଶ ପାଇଥିଲା ।

ଓଡ଼ିଆ ସମାଲୋଚନା ସାହିତ୍ୟର ଦିଗ୍‌ବଳୟ ସଂପ୍ରତି ବିସ୍ତାରିତ ରୂପ ପରିଗ୍ରହଣ କରିଛି । ଓଡ଼ିଆ ସାହିତ୍ୟର ଗବେଷକଗଣ ନୂତନ ସମାଲୋଚନା ପଦ୍ଧତି ଗ୍ରହଣପୂର୍ବକ ବୈଜ୍ଞାନିକ ଆଲୋଚନା ଭିତ୍ତିରେ ସମାଲୋଚନା ସାହିତ୍ୟର ବିକାଶରେ ପ୍ରମୁଖ ଭୂମିକା ଗ୍ରହଣ କରିଛନ୍ତି ।

ସହାୟକ ଗ୍ରନ୍ଥସୂଚୀ

(୧)	ମହାନ୍ତି ଡ. ସୁଧୀର ଚନ୍ଦ୍ର : ସୃଜନକଳା, ନିଉ ଏଜ୍ ପବ୍ଲିକେସନ୍ସ,ଚାନ୍ଦିନୀ ଚୌକ, କଟକ– ୨

(୨)	ତ୍ରିପାଠୀ ସନ୍ତୋଷ କୁମାର : ସଂଯୋଗ ଅନୁବିନ୍ଧ, ନାଳନ୍ଦା, ବିନୋଦବିହାରୀ, କଟକ– ୨

(୩)	ମିଶ୍ର ଡ. ଦୀନବନ୍ଧୁ : ସମାଲୋଚନା ତତ୍ତ୍ୱ, ନବୋଦୟ ପ୍ରକାଶନ, ବିନୋଦବିହାରୀ, କଟକ– ୨

(୪)	ମହାପାତ୍ର ଡ. ଶ୍ୟାମସୁନ୍ଦର : ଇଂରାଜୀ ସାହିତ୍ୟର ଇତିହାସ, ରତନପଲ୍ଲୀ, ଶାନ୍ତିନିକେତନ

(୫)	ନାୟକ କ୍ଷେତ୍ରବାସୀ : ଅଳଂକାର ଓ ଅଳଂକାର ତତ୍ତ୍ୱ, ଭାରତୀ ଟ୍ରେଡିଂ କଂପାନୀ, ଟିଟିଲାଗଡ଼, ବଲାଙ୍ଗୀର

(୬)	ବ୍ରହ୍ମା ଗୌରୀକୁମାର : ଅଳଂକାର ସାହିତ୍ୟର କ୍ରମବିକାଶ, ଭାରତୀ ବିହାର, ଚାଉଳିଆଗଞ୍ଜ, କଟକ

(୭)	ଦାଶ ଶ୍ରୀଧର : ଅଳଂକାର ମଞ୍ଜରୀ, ଗ୍ରନ୍ଥ ମନ୍ଦିର କଟକ– ୨

(୮)	ମହାନ୍ତି ଡ. ଜଗନ୍ନାଥ : ଯୁଗେ ଯୁଗେ ଯୋଗାଯୋଗ, ସାହିତ୍ୟ ପ୍ରତିଷ୍ଠାନ, ଚଣ୍ଡିଛକ,କଟକ–୮

(୯)	ଷଡ଼ଙ୍ଗୀ ଡ. ନୃସିଂହ : ଭାବ ବିନିମୟ ଓ ଯୋଗାଯୋଗର ଭାଷା ମାଧ୍ୟମ, ଚିନ୍ମୟ ପ୍ରକାଶନ, ବିନୋଦବିହାରୀ, କଟକ– ୨

(୧୦)	ସାହୁ ଡ. ନିରଞ୍ଜନ : ଗଣମାଧ୍ୟମ, ବେତାର ଓ ବିଜ୍ଞାପନ କଳା, କଲ୍ୟାଣୀ ପବ୍ଲିକେସନ୍, ଗୋପବନ୍ଧୁ ଲେନ୍, ବାଦାମବାଡ଼ି, କଟକ– ୧ ୨

(୧୧)	ପଣ୍ଡା ଡ. ଗୋପୀନାଥ : ସାହିତ୍ୟ ଦର୍ପଣଃ, କିତାବ ମହଲ, କଟକ–୩

(୧୨)	ଶତପଥୀ ହରେକୃଷ୍ଣ:ସଂସ୍କୃତ ସାହିତ୍ୟର ଇତିହାସ, କିତାବ ମହଲ,କଟକ–୩

(୧୩) ମହାପାତ୍ର ବିଷ୍ଣୁପ୍ରିୟା, ନାୟକ ଲକ୍ଷ୍ମୀପ୍ରିୟା:ଯୋଗାଯୋଗର ଭାଷା, କିତାବ ମହଲ, କଟକ–୩

(୧୪) କବି ଅସିତ୍ : ଓଡ଼ିଆ ସାହିତ୍ୟ ସମାଲୋଚନାର ଇତିହାସ, ଫ୍ରେଣ୍ଡସ ପବ୍ଲିଶର୍ସ, କଟକ– ୨

(୧୫) ପଞ୍ଚନାୟକ ପଠାଣି : ଓଡ଼ିଆ ପ୍ରବନ୍ଧ ଓ ସମାଲୋଚନା ସାହିତ୍ୟର ପରିଚୟ, ଓଡ଼ିଶା ବୁକ୍ ଷ୍ଟୋର, କଟକ– ୨

(୧୬) କର ଡ. ବାଉରୀବନ୍ଧୁ : ସମାଲୋଚନା ସ୍ତବକ, ଓଡ଼ିଆ ଲେଖକ ସମବାୟ ସମିତି, ଆଶୋକ ନଗର, ଭୁବନେଶ୍ୱର–୯

(୧୭) ବାରିକ ଡ. ଅଭୟ : ଆଧୁନିକ କାବ୍ୟକଳ୍ପ ପ୍ରାଚ୍ୟ ପାଶ୍ଚାତ୍ୟ, ଫ୍ରେଣ୍ଡସ ପବ୍ଲିଶର୍ସ, କଟକ– ୨

(୧୮) ନାୟକ ଡ. କ୍ଷେତ୍ରବାସୀ : ଭାରତୀୟ କାବ୍ୟ ତତ୍ତ୍ୱ ପୁସ୍ତକ ଭଣ୍ଡାର, ବାଙ୍ଗାବଜାର, କଟକ– ୨

(୧୯) ରଥ ଡ. ବନମାଳୀ : ଭାରତୀୟ ସାହିତ୍ୟ ତତ୍ତ୍ୱ, ଓଡ଼ିଶା ରାଜ୍ୟ ପାଠ୍ୟପୁସ୍ତକ, ପ୍ରଣୟନ ସଂସ୍ଥା, ଭୁବନେଶ୍ୱର

(୨୦) ବାରିକ ଡ. ଅଭୟ:ଭିନ୍ନ ଇଲାକା, ଭିନ୍ନ କଥା, ଫ୍ରେଣ୍ଡସ ପବ୍ଲିଶର୍ସ, କଟକ– ୨

(୨୧) ବାଗ ଡ. ଗୋପୀନାଥ : କାବ୍ୟ ତତ୍ତ୍ୱ, ସତ୍ୟନାରାୟଣ ବୁକ୍ ଷ୍ଟୋର, ବିନୋଦବିହାରୀ, କଟକ– ୨

(୨୨) ମିଶ୍ର. ଡ. ନିରଞ୍ଜନ :ସାଂପ୍ରତିକ ପାଶ୍ଚାତ୍ୟ ସାହିତ୍ୟ ତତ୍ତ୍ୱଗ୍ରନ୍ଥମନ୍ଦିର, କଟକ– ୨

(୨୩) ପାଢ଼ୀ ଡ. ବେଣୁଧର : ସାହିତ୍ୟ ତତ୍ତ୍ୱ (ପ୍ରାଚ୍ୟ ପାଶ୍ଚାତ୍ୟ), ପ୍ରାଚ୍ୟ ସାହିତ୍ୟ ପ୍ରତିଷ୍ଠାନ, ବିନୋଦବିହାରୀ, କଟକ– ୨

(୨୪) ପ୍ରଧାନ ଡ. କୃଷ୍ଣଚନ୍ଦ୍ର : ପାଶ୍ଚାତ୍ୟ ସାହିତ୍ୟ ଓ ସମୀକ୍ଷା ତତ୍ତ୍ୱ, ପ୍ରାଚୀ ସାହିତ୍ୟ ପ୍ରତିଷ୍ଠାନ, ବିନୋଦବିହାରୀ, କଟକ– ୨

(୨୫) ସାହୁ ନାରାୟଣ : ପ୍ରାଚ୍ୟ ଓ ପାଶ୍ଚାତ୍ୟ ସାହିତ୍ୟ ତତ୍ତ୍ୱ, ସତ୍ୟନାରାୟଣ ବୁକ୍ଷ୍ଟୋର, ବିନୋଦବିହାରୀ, କଟକ– ୨

(୨୬) ଗାଁଣ ଅନାଦି ଚରଣ : ପ୍ରାଚ୍ୟ ଓ ପାଶ୍ଚାତ୍ୟ ସାହିତ୍ୟ ତତ୍ତ୍ୱ, ବିଦ୍ୟାପୁରୀ, ବାଲୁବଜାର, କଟକ– ୨

(୨୭) ମିଶ୍ର ଡ. ହରପ୍ରସାଦ : ଓଡ଼ିଆ ଭାଷା ତାତ୍ତ୍ୱିକ ପ୍ରବନ୍ଧ ଓ ଆଲୋଚନା,
       ଅଗ୍ରଦୂତ, କଟକ– ୨

(୨୮) ପ୍ରଧାନ ଜ୍ୟୋସ୍ନାମୟୀ : ସାହିତ୍ୟ ତତ୍ତ୍ୱ : ପ୍ରାଚ୍ୟ ପାଶ୍ଚାତ୍ୟ, ଫ୍ରେଣ୍ଡସ ପବ୍ଲିଶର୍ସ,
       କଟକ– ୨

(୨୯) ରାଉତ ଡ. ଭୋଲାନାଥ : ବୈଦିକ ସମାଜ ସାହିତ୍ୟ ଓ ସଂସ୍କୃତି, ଚିତ୍ରୋତ୍ପଳା
       ପବ୍ଲିକେଶସନ୍ସ, ବାଲେଶ୍ୱର, ବ୍ରହ୍ମପୁର, କଟକ

(୩୦) ଶର୍ମା ଶ୍ରୀଧର ମହାପାତ୍ର : ଓଡ଼ିଆ ପ୍ରକାଶନ ଓ ପ୍ରସାର ତାର ଇତିହାସ, ଗ୍ରନ୍ଥ
       ପ୍ରକାଶନୀ, ସୂତାହାଟ, କଟକ– ୧

(୩୧) ମହାପାତ୍ର ବିଜୟ ପ୍ରସାଦ : ଓଡ଼ିଆ ଭାଷା ବିଭବ, ବିଦ୍ୟାପୁରୀ କଟକ– ୨

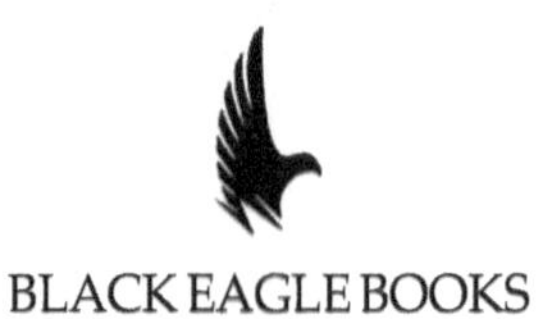

www.blackeaglebooks.org
info@blackeaglebooks.org

Black Eagle Books, an independent publisher, was founded as a nonprofit organization in April, 2019. It is our mission to connect and engage the Indian diaspora and the world at large with the best of works of world literature published on a collaborative platform, with special emphasis on foregrounding Contemporary Classics and New Writing.